♥
왼쪽으로 가는 여자
오른쪽으로 가는 남자 II

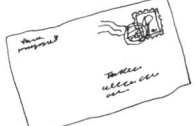

왼쪽으로 가는 여자
너와 나의 두번째 사랑

오른쪽으로 가는 남자 II

윤석미 지음

for book

알베르 카뮈가 말했습니다.
"사랑받지 못하는 건 그저 운이 없는 것이지만
사랑하지 못하는 건 불행이다."

Prologue

사랑, 기원전부터 지금까지 아무도 풀지 못했던 이상한 숙제

"여자의 맹세는 물에 적는다."
기원전 406년에 세상을 떠난 소포클레스가 한 말입니다.
"사랑에 미치면 누구나 장님이 된다."
기원전 40년경에 살았던 프로페르티우스가 남긴 말입니다.
"여자를 정복한다는 것은 흉포한 야수를 다루기보다 훨씬 어렵다."
기원전 180년에 세상을 떠난 아리스토파네스가 남긴 말입니다.

지금으로부터 2천 년 전, 아니 그보다 더 오래전에 살다 간 이들. 그들이 남기고 간 말에 지금, 우리는 고개를 끄덕입니다. 기원전에 풀지 못했던 수학 공식들이 풀리고, 그 시절엔 상상도 할 수 없었던 일들이 일어나고 있는데도(비행기가 하늘을 날아다니고 우주선이 달나라를 왔다 갔다 하고)……. 우리 가슴은 여전히 기원전 사랑 이야기에 뭉클합니다.
아마 2천 년 후에도, 4천 년 후에도 "여자의 맹세는 물에 적는다"는 소포클레스의 말에 가슴 찢어지는 '어떤 남자'가 분명히 있을 겁니다.

사랑은 영원히 풀리지 않는 공식을 지닌 문제입니다. 사랑이란 문제를 끌어안고 어떻게 풀어야 할지 몰라 전전긍긍할 때 "사랑해서 사랑을 잃는 것은 전혀 사랑하지 않는 것보다 낫다"라는, 1892년에 삶을 마친 영국 시인 앨프리드 테니슨이 남긴 말이 그 답답한 사랑을 풀어준 적이 있습니다. 나와 친하지도 않고, 본 적도 없고, 나에 대해선 전혀 아는 바가 없는 테니슨이 말입니다.

그 시절을 추억하며…… 오래전 이 지구에서 살다 간 이들이 남기고 간 흔적에서 사랑의 공식을 찾아보았습니다. 사랑이란 문제를 풀지 못해서 답답하고, 슬프고, 분하고, 억울하고, 속상한 마음들. 그래서 밤을 지새우는 딱한 마음들에게 여명의 역할을 해주는 작은 문이 되면 좋겠습니다. 미흡하지만 막힌 사랑의 공식을 풀어주는 해설지가 되면 좋겠습니다.

그리고 첫 번째 책으로 이 마음에 작은 공감을 해준 수많은 독자들과 두 번째 책을 기꺼이 엮어준 포북의 계명훈 대표, 에프북의 김수경 대표에게 이 공간을 빌려 고마움을 전합니다.

2008년 12월
윤석미

Contents

기웃거리다

여자, 남자의 낙원이 되다 _____14
오직 나만, 나 하나만…… _____18
꽁꽁 묶다 _____22
영원히 사랑한다는 거짓말 _____26
연애…… 속고 속이는 게임 _____30
사랑한다는 말 _____34
사랑해서 어리석어지는 것 _____38
여자의 자존심 _____42
잘 어울릴 것 같은 사람 _____46
다른 생각에 빠지다 _____50
사랑의 상처를 치료하는 일은…… _____54
애인이란? 결혼이란? _____58
사랑하고 싶은데…… _____62
줄 때는 모르는 것 _____66

감추다

내가 좋아요? 내가 싫어요? _____ 72
무관심 _____ 76
횡설수설 _____ 80
진정한 사랑 _____ 84
사랑해, 라고 말할 수 없다는 것 _____ 88
너의 모든 것을 사랑하기 때문에 _____ 92
여자들의 이상한 습성 _____ 96
사랑이 주는 것, 사랑이 빼앗아가는 것 _____ 102
이상합니다, 오늘은…… _____ 106
지난 1년 _____ 110
사랑은 어떻게 확인하지? _____ 116
감지 능력 _____ 120
사랑…… 그 쓸쓸함 _____ 126

스며들다

너를 위해서 살아 _____ 132
줄다리기 _____ 136
구애의 시점 _____ 140
끝이 보이는 길 _____ 144
사랑은 복잡해 _____ 148
몹쓸 질투 _____ 152
즐거운 고통 _____ 156
내가 너를, 네가 나를 사랑하는 이유 _____ 160
말로 말을 이긴다는 것 _____ 164
남자의 사랑법, 여자의 사랑법 _____ 168
단 한 사람, 꼭 그 사람 _____ 172
가슴으로 바람이 불다 _____ 176
남자는 겁쟁이가 되고, 여자는 대담해지고 _____ 180
마음의 과녁 _____ 184
여자는 남자 마음속에 산다 _____ 188

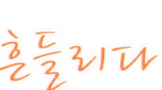

흔들리다

이별의 이유 _____ 194

사랑이란 그저 _____ 198

소유 _____ 202

사랑도, 욕망도, 미움도…… _____ 206

사랑의 유효 기간 _____ 210

오해 _____ 214

나쁜 남자 _____ 218

나쁜 여자 _____ 222

이기심 _____ 226

비로소, 마음이 보이다 _____ 230

사랑이란 행동하는 것 _____ 234

참된 연애, 참된 사랑 _____ 238

남자와 여자의 방식 _____ 242

사랑의 함정 _____ 246

문제를 해결하는 방법 _____ 250

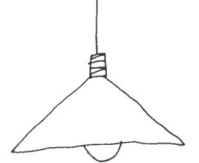

지우다

헤어지고 나서야…… _____ 256
그리움 _____ 260
해묵은 사랑 _____ 264
사랑, 사과처럼 변하는 것 _____ 268
주는 것, 받는 것 _____ 272
오직 사랑하고 있는 동안에만 _____ 276
이별에 대처하는 자세 _____ 280
실연 후에 얻게 되는 것들 _____ 284
사랑으로 인한 깊은 병 _____ 288
사랑으로 다시 돌아오는 일 _____ 292
여자의 사랑이란 _____ 296
왜 나를 모른 척하는지 _____ 300
숨어 있기 _____ 304
헤어지는 연습, 잊는 연습 _____ 308

기웃거리다

여자, 남자의 낙원이 되다

왼쪽으로 가는 여자

"내일 해야 할 일 없어요?
오늘 이렇게 대책 없이 술에 취해도 되는 거예요?"
나는 걱정해서 묻는데, "내가 지금 내일 일까지 걱정하고 살 만큼
삶에 의욕이 있어 보이나?"
삐딱하게 나오는 남자. 오늘 아침.
망설이다가 남자에게 전화합니다.
자고 있다면 깨우기 위해서고,
깨어났다면 괜찮은지 안부를 묻기 위해서입니다.
전화벨이 세 번쯤 울렸을 때 전화를 받았는데,
남자는 이미 집을 나선 뒤였고,
어제 일에 대해 무척 고맙다고 했습니다.
지금 남자는 여자에게 받은 상처를 치료 중입니다.
요즘 남자는 해를 따라 삽니다. 해가 뜨면 아픈 부위에
통증을 못 느끼다가 해만 지면 아픈 부위의
통증이 심해지나 봅니다. 그래서 어제처럼
주로 밤에 전화를 겁니다. 아프기 시작할 때.
벌써 여러 날째 밤마다 불려나갔고, 그때마다 술에 취해
몸도 마음도 비틀거리는 남자를 지키다 들어옵니다.
처음에는 '저러다 말겠지' 생각했는데,
언제부터인가 비틀거리는 남자가 안쓰럽고, 딱하고,
심지어 마음이 아프기까지 합니다.
지금 일고 있는 이 마음의 동요란 대체 무슨 의미일까.
강하게 부정해봅니다
'다시 생각해봐! 다른 여자 때문에 괴로워하는 남자라구!'

> 오른쪽으로 가는 남자

속이 탑니다. 어젯밤 너무 과음한 것 같습니다.
날이 밝으면,
'다시는 비틀거리지 말아야지, 술을 마시지 않아야지' 하다가도
밤만 되면 또 술을 찾는 마음을 이길 수가 없습니다.
그런데 오늘은 문득 이런 생각이 듭니다.
'정말 술 때문에 속이 타는 것일까?'
참으로 고마운 여자가 있습니다.
일 때문에 알게 되었는데,
어느새 친구처럼 허물없이 지내는 사이가 됐습니다.
내가 한창 연애 중일 때
'여자들은요' 하면서 이런저런 도움을 많이 주었던 여자입니다.
그래서 헤어진 여자친구 때문에
괴로우면 전화하게 되는 것 같습니다.
'그러지 말아야지' 하면서도
술만 마시면 전화하게 됩니다. 김유신의 말처럼.
또 한번 스칩니다.
'속이 타는 게 정말 술 때문일까?'
전화벨이 울립니다. 그 여자입니다.
이제 좀 괜찮다고, 매번 고맙다고 인사하는데
무언가가 마음에 가시처럼 걸립니다.
"괜찮으면 됐어요" 하는 여자의 음성도
예전과는 사뭇 다르게 들립니다.
"어제 신세를 너무 져서 오늘 저녁을 꼭 사야겠습니다."
말을 하고 끊는데,

'식사를 하자는 이유가 과연 어제 일 때문일까?'
이상한 질문을 하게 됩니다. 내가 나에게.
거기다……
몸은 말할 수도 없이 피곤한데
마음은 몸만큼 피곤하지 않습니다.
그 이유, 아무래도 여자에게 있는 것 같습니다.

E. 허버트가 말했습니다.
"남자들을 낙원에서 쫓아낸 것이 여자라면,
남자를 다시 낙원으로 인도할 수 있는 자도
여자일 뿐이다."

왼쪽으로 가는 여자

내가 사랑을 느끼는 남자.
그 남자와 나란히 걸어가는데 맞은편에서 걸어오던 여자가
우리를 힐긋거리며 쳐다보더니 미소를 남기며 지나갑니다.
'혹시 아는 사람?'
'또 후배?'
이 남자와 걷다 보면
하루에 후배라는 여자들을 평균 서너 명쯤은 만납니다.
어떤 날은 찻집에서 만나고, 어떤 날은 영화관에서 만나고,
어떤 날은 지하철에서 만나고, 어떤 날은 술집에서 만나고.
그 일로 크게 다툰 적도 있습니다.
"세상의 모든 여자들이 당신 후배인가 봐!"
"아니, 그럼 당신 이외의 여자는 쳐다보지도 말아야 하는 건가?"
남자들은 정말 한심합니다.
도무지 말뜻을 못 알아듣습니다.
그러니까 내 말은,
세상의 모든 여자들에게 친절하고 자상하고 좋은 남자는
싫다는 뜻이고,
세상의 모든 여자들은 외면하고 오직 한 사람,
내게만 친절하고 자상하고 좋은 남자는 좋다는 뜻이거늘
이 간단하고 쉬운 얘길 왜 그렇게 못 알아듣는 건지.
'쟤네들 백 명이 좋다고 해봐. 나한텐 너뿐이니까!'
왜 이 한마디 못해주는 건지.
아무래도 머리에 뇌가 없는 듯합니다, 남자들은.
아니, 이 남자는.

오른쪽으로 가는 남자

조금 전까지 훈풍에 미풍이던 여자가
돌풍을 일으키며 돌아서더니
갑자기 보폭이 아주 좁아집니다.
"당신 후배라는 여자! 우릴 아주 기분 나쁘게 쳐다봤단 말이에요!"
그래서 나보고 어쩌라는 걸까.
아마 지나가다 나를 봤는데 곁에 여자가 있으니
어정쩡하게 아는 척하며 지나간 것 같습니다.
후배 입장에서는
섣불리 아는 척하다 선배 여자친구에게
오해를 살 수도 있다는 생각을 하는 것,
당연합니다.
이 여자, 아주 '질투의 화신' 입니다.
언젠가……
'세상의 모든 여자들이 당신 후배군요' 하며 토라져서
진심을 다해 충분히 알아듣게 설명해준 적이 있습니다.
"따르는 후배들이 많다.
후배들이 따르는 걸 내가 어떻게 하냐.
따르지 말라고 할 수는 없지 않느냐.
여자 후배라고 해서 내게 여자인 것은 아니지 않느냐.
말 그대로 후배일 뿐이다.
내가 사랑하는 여자는 바로 너다."
그런데 여자들은 꼬투리 잡는 데 귀신입니다.
"그냥 아는 후배인데 그렇게 슬쩍 쳐다만 보고 가요?
편한 후배라면 길거리에서

우연히 만난 선배에게 달려와 반갑게 인사하는 게
옳은 행동 아닌가요?"
아니, 그 후배가 왜 슬쩍 보기만 하고,
그것도 왜 의미심장한 미소만 지으며 슬쩍 지나갔는지
내가 어떻게 알겠는가 말입니다.
또 알고 싶지도 않습니다.
내가 알고 싶은 것은 여자들의 마음입니다.
거리에서 만난 여자 후배의 인사를 받아야 하는가,
받지 말아야 하는가.
사랑하는 여자를 위해 여자 후배들과의 관계는
모조리 청산해야 하는가 마는가.

윌리엄 셰익스피어가 말했습니다.
"연애는 어느 면에서
약속을 인간으로 만들고,
다른 면에서는 인간을 약속으로 만든다."

꽁꽁 묶다

왼쪽으로 가는 여자

처음은 아닙니다.
누군가를 사랑하는 일이.
그래서 더 겁이 납니다.
이번에도 남자를 힘들게 하는 건 아닐까.
내가 어떤 여자인지
지나간 두 번의 사랑으로 익히 잘 알고 있어서.
그걸 알면서도 지금 이 순간,
나는 그 남자가 지금 어디서
무엇을 하는지가 몹시 궁금합니다.
남자에게도 자기만의 생활이 있다는 것을
인정하자…… 인정하자……
하면서도 참지 못하고 문자 메시지를 보냅니다.
'어디야?'
'뭐 해?'
답이 오지 않습니다.
수천, 수만 가지 생각이 스칩니다.

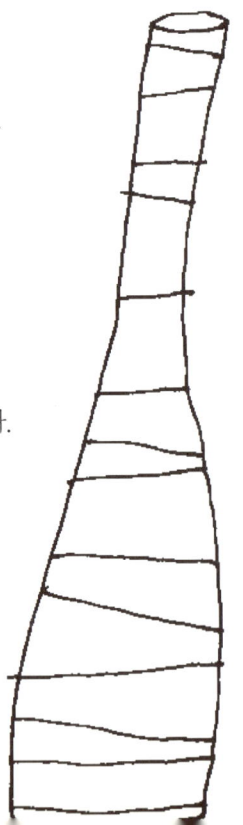

문자 메시지를 보고도 답을 보내지 않는 이유는 대체 뭘까?
도대체 누구와 함께 있어서 답장도 보내지 못하는 걸까?
나에 대한 사랑이 예전 같지 않단 의미 아닐까?
아! 이러면 안 되는데.
나 자신을 숨 막히게 몰아가다가 급브레이크를 밟습니다.
"너는 숨이 막혀 만나지 못하겠다"고
떠났던 남자가 생각나서입니다.
모두 다 내 탓입니다.
착잡합니다.
한편,
'그래. 나에 대한 사랑이 예전 같지 않다면
차라리 헤어지는 편이 나아.'
어느새 미리 이별 연습까지 하고 있습니다.
이때, 남자가 보낸 문자 메시지.
'미안! 지금 여동생하고 작은아버님 댁에 와 있어.
가면서 전화할게.'

오른쪽으로 가는 남자

사촌 형님이 주말에 결혼을 합니다.
여동생과 함께 작은아버님 댁으로 갔습니다.
여자에게 이야기를 해주려고 하다가 그만 때를 놓쳤습니다.
'궁금해하겠다.'
"여자들은 왜 그렇게 남자들의 행방을 궁금해하는 거냐?"
슬쩍 여동생에게 물어봅니다.
"여자라고 다 그런가?
오빠의 여자가 좀 유별난 거지!
왜 어디냐고 궁금하대? 아예 호주머니 속에 넣고 다니지 왜!"
같은 여자면서도 여동생 말엔 가시가 있습니다.
"그러는 넌 남자친구한테 안 그러니?"
"내 남자친구는 한 시간 간격으로 보고를 하지.
지금 어디서 누구와 무얼 하고 있는지. 묻기 전에 말을 해주지!"
여동생과 실랑이를 하느라 문자 메시지가 온 줄도
모르고 있었습니다. 한 시간 간격으로 보고한다는
여동생의 남자친구도 있는데…… 싶어
가벼운 마음으로 답장을 보냅니다.
여동생과 같이 있다고,
그것도 작은아버님 댁에 와 있다는 말까지
친절하게 덧붙여 보냅니다.
"너, 그 정도면 아주 피곤한 여자다. 잘 생각해봐라."
엊그제 친구 녀석이 의미심장하게 던지고 간 말이 떠오르지만
내 발을 꽁꽁 묶고 싶어하는 것 말고는
모든 것이 사랑스러운 여자입니다.

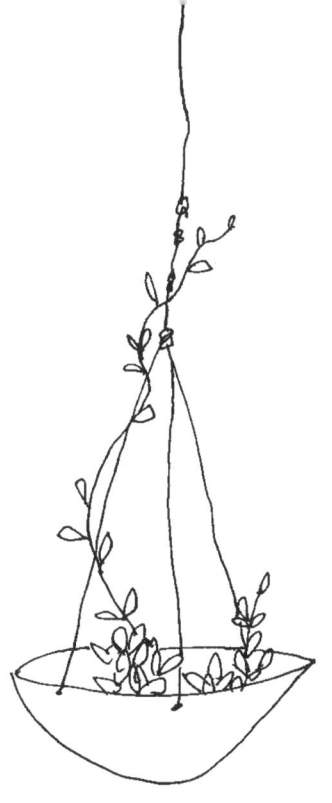

러시아 속담에 이런 이야기가 있습니다.
"사랑은 유리다.
함부로 불들거나 너무 세게 쥐면 깨진다."

영원히 사랑한다는 거짓말

> 왼쪽으로 가는 여자

마음이 꽉 찬 휴지통 같습니다.
비울 곳이 필요합니다.
친구를 불러냅니다.
그러나 막상 만나니 입이 떨어지지 않습니다.
하고 싶은 말은 마음속에서 맴맴 돌고
쓸데없는 말들만 쏟아져 나옵니다.
대화가 물과 기름처럼 겉돕니다.
"이제 그만 힘 빼고 하고 싶은 말이나 하지!"

친구의 볼멘소리에 미안해져서 그만 말해버립니다.
"아무래도 그 사람, 예전 같지 않아."
와르르.
둑이 무너집니다. 물이 무섭게 쏟아져 내립니다.
눈물을 주체할 수가 없습니다.
"근데 너, 그 사람 그다지 좋아하지도 않았잖아!"
맞습니다.
처음에는 썩 마음에 들지 않았습니다.
남자를 사랑하게 된 이유가 있습니다.
나를 너무나 사랑해주었습니다.
'세상에 이런 남자가 또 어디 있을까?' 싶을 만큼.
그 남자의 사랑은 끔찍했고,
난 그 끔찍한 사랑의 포로가 되었습니다.
그런데 절대로 변할 것 같지 않던
그 끔찍한 사랑이 예전 같지 않습니다.
조금만 아픈 기색을 보여도
하늘이 무너질 것 같은 얼굴로 달려와주던 남자였는데
지금은 그런 남자가 아닙니다.
반나절만 연락이 안 되어도 왜 그렇게 연락이 안 되느냐고
화를 내며 달려오던 남자도 아닙니다.
"이럴 수도 있는 걸까? 너도 알잖아.
그 남자가 날 어느 정도로 끔찍이 사랑했는지!"
나는 그만 소리를 내어 꺽꺽 울어버립니다.

오른쪽으로 가는 남자

휴대전화가 울립니다. 그 여자입니다.
한 달 전쯤, 친구 일을 도와주다가 우연히 알았습니다.
전화벨이 울다 스스로 지쳐 그칩니다.
기다렸다 휴대전화를 끕니다.
오늘은 철저히 혼자서 생각 좀 해봐야겠습니다.
지금 내 곁에는 두 여자가 있습니다.
한 여자는 1년 가까이 내 속을 태우다
이제 겨우 마음을 열어준 여자입니다.
왜 그렇게 그 여자가 좋았는지 모릅니다.
"에이, 미친놈아. 구걸할 게 없어서 사랑을 구걸하니?"
친구들에게 욕도 많이 얻어먹어가며 좋아했던 여자입니다.
내가 다가가면 뒤로 한 발씩 물러나던 그 여자는
두어 달 전부터 제자리걸음입니다.
또 한 여자는 한 달 전쯤에 만났습니다.
이렇게 친절하고 상냥한 여자는 처음 만나봅니다.
내 마음을 깊이 헤아립니다.
그런데 언제 이렇게까지
내 마음을 물들여놓았는지 모르겠습니다.
이 여자에게 빠져드는 느낌입니다.
그래서 나는 오늘 하루, 나에게 휴가를 줍니다.
두 여자 중 누구인가? 찾아내야 합니다.
그래야만 1년 가까이 잠을 이루지 못할 정도로
사랑했던 여자에게, 한 달 남짓 정신없이 빠져들고 있는
또 다른 여자에게 떳떳할 것입니다.

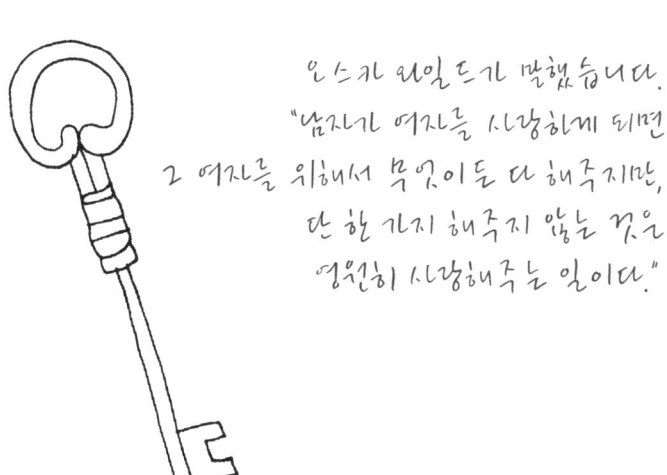

오스카 와일드가 말했습니다.
"남자가 여자를 사랑하게 되면
그 여자를 위해서 무엇이든 다 해주지만,
단 한 가지 해주지 않는 것은
영원히 사랑해주는 일이다."

연애······ 속고 속이는 게임

왼쪽으로 가는 여자

데이트 약속이 있는 날. 나는 알면서도 다른 약속을 잡습니다.
나쁜 짓인 걸 아는지라 가슴이 콩닥콩닥 뜁니다.
다른 약속은 어린 시절 친구를 만나는 일입니다.
같은 유치원을 다닌 동네 친구는 초등학교 5학년 때 캐나다로
이민 갔는데 가끔씩 서울에 다니러 올 때면 만납니다.
물론 소식은 메일로 늘 주고받습니다.
오늘은 이 해묵은 친구와 보낼 생각입니다.
실은 이번에 오면 여자친구를 소개해주기로 약속했는데
친구에게 바람을 맞았습니다. 미안해서 오늘은 특히 잘해줘야 합니다.
그 와중에 "오늘 몇 시에 만날까요?" 남자에게 전화가 왔습니다.
"어떡하죠? 오늘 엄마 심부름을 해야 해서 못 만날 것 같아요."
눈도 깜박 안 하고 거짓말을 합니다.
"끝나면 몇 시쯤 될 것 같은데요?"
"모르겠어요. 끝나는 대로 전화는 할게요."
끝나는 대로 전화하겠다는 이 말 역시 거짓말입니다.
그저 얼른 전화를 끊고 싶어 둘러댄 말입니다.
사실 모처럼 고국에 돌아온 친구에게 가이드 역할을 해주는 것,
엄마의 부탁이라면 부탁일 수 있습니다.
거기다 아직 엄마의 부탁이 끝나지 않았으니까
나중에 전화하겠다는 말 역시 완전 거짓말은 아닙니다.
중간에 마음이 바뀌어 옛 친구를 숙소까지 데려다 준 후에
남자를 만나러 갈 수도 있는 일입니다.
그런데 왜 난 그런 거짓말을 천연덕스럽게 하고 있는 걸까…….
나도 그러는 날 잘 모르겠습니다.

오른쪽으로 가는 남자

오늘쯤 만나기로 했습니다.
그 바람에 며칠 무리해서 그런지 컨디션이 그리 좋지 않습니다.
그래도 뻐근한 몸을 일으키며 자리를 털고 일어납니다.
전화부터 할까, 커피부터 마실까.
고민하다 커피부터 마시기로 합니다.
어차피 만나기로 했으니까 만날 시간만 정하면 됩니다.
그래서 커피부터 마시고,
아예 외출할 준비까지 마치고 나서 전화를 걸었는데
여자는 오늘 만날 수가 없다고 합니다.
이렇게 황당할 수가.
어머니 심부름 때문이라니 어쩔 수 없습니다.
여자는 일을 마치는 대로 전화를 걸겠다고 했습니다.
그러잖아도 피곤했는데 잘됐다는 생각도 듭니다.
이번엔 내가 미안합니다.
한숨 푹 자고 일어나 서점으로 갔습니다.
그냥 한숨 더 잘 것을. 그냥 집에서 푹 쉬고 있을 것을.
서점에 온 것이 후회됩니다.
그곳에 여자가 있었습니다.
혼자가 아니라, 그것도 낯선 남자와 함께.
나도 모르게 그만 황급히 밖으로 뛰어나왔습니다.
'어머니 심부름하다가 우연히 초등학교 동창을 만난 거 아닐까.'
자꾸 여자를 위한 변명을 늘어놓게 됩니다.
그렇지만 이건 어디까지나
여자가 아닌 나 자신을 위한 변명일 겁니다.

오스카 와일드가 말했습니다.
"연애는 누구나
자신을 속이는 데서 시작하고,
남을 속이는 데서 끝나는 것이 보통이다.
이것이 지상에서 일컬어지는 로맨스이다."

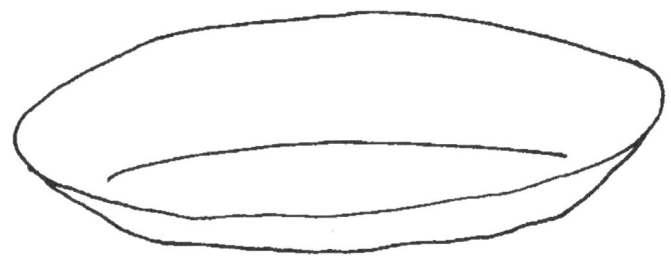

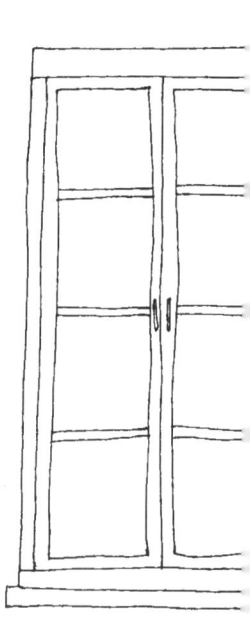

사랑한다는 말

왼쪽으로 가는 여자

"아직도 사랑한다는 고백을 들어보지 못했다구?"
친구들이 한심해합니다.
"21세기에 20세기 연애를 하는 남녀가 여기 있다"며 놀립니다.
오늘은 사랑한다는 말을 해줄까?
남자가 손을 꽉 잡습니다. 손에 쥐가 나려고 합니다.
이 남자는 날마다 손만 잡습니다.
'사랑한다는 말은 하지 않아도 틀림없이 날 사랑하고 있어!'
확신은 있는데 말을 안 합니다.
'사랑해!' 이 한마디 하는 게 뭐 그리 어렵다고…….
이제 100미터, 50미터, 30미터.
좀만 더 가면 집입니다.
'사랑한다고 말 좀 해봐요……' 하고 싶은데
"이제 그만 가요. 늦었어요."
이 말만 나옵니다. 아니면 헤어지기 싫다는 말이라도 해주든가.
명청한 남자. 아니, 내 확신이 틀릴지도 모릅니다.
힐긋. 남자를 쳐다봅니다.
남자가 내 손을 또 한번 꽉 잡습니다.
사랑한다는 말을 못하겠으면 입맞춤이라도 하든가.
'도대체 이 남자는 왜 나를 만나는 것일까?' 의심이 생깁니다.
그러나 이 또한 확신이 없으니 난 오늘도 부글부글
끓는 속을 감추며 어제처럼 사랑한다는 말도 듣지 못하고
남자를 보냅니다.
"너무 늦었어요. 집에 도착하면 전화해요."

오른쪽으로 가는 남자

어느새 여자가 사는 집 앞. 헤어지기가 싫습니다.
지난달에 결혼한 친구가 결혼하고 제일 좋은 점이
밤에 헤어지지 않는 것이라고 말하던 기억이 납니다.
'결혼하자고 말해볼까?' 슬그머니 여자를 훔쳐봅니다.
여자는 속도 모르고
"이제 그만 가요. 늦었어요" 하고 보챕니다.
이 여자는 이제 그만 가라는 말밖에 모릅니다.
'함께 있는 시간이 지루해서일까?
아니면 데이트에 고단해서일까?'
여자의 마음을 모르겠습니다.
'나 자기랑 헤어지기 싫은데 10분만 더 있다 가면 안 될까?'
이래주면 집 앞에서 밤이라도 지새울 수 있으련만.
나를 보내고 꼭 다른 남자를 만나야 하는 여자처럼
늘 이제 그만 가라고 등을 떠밉니다.
가만……. 혹시 내가 싫은 것은 아니지만
결혼 상대로는 맞지 않다고 생각하나?
그래서 집 앞에서 가족이라도 만날까 봐
얼른 헤어지고 싶어하는 건가?
그렇다면, 결혼하자고 해볼까?
그러다 싫다고 하면?
순간, 모든 욕심이 사라집니다.
이대로가 좋습니다.
아직은 여자에 비해 많이 초라한 나.
'사랑한다'는 말도 꾹 참고 돌아섭니다.

스토리가 말했습니다.
"남자는 사랑을 받고 있는 줄 알면 기뻐하지만 그렇다고 번번이 '나는 당신을 사랑합니다'라는 말을 듣는 날엔 진저리를 내고 만다.
여자는 날마다 '당신을 사랑합니다'라는 말을 듣지 못하면 혹 남자의 마음이 변하지는 않았나 하고 의심을 품는다."

사랑해서 어리석어지는 것

왼쪽으로 가는 여자

어제 친구를 만났습니다.
나는 그 친구의 이야기를 남자에게 들려줍니다.
뭔가 도움 될 만한 이야기를 듣고 싶어서입니다.
남자는 귓등으로 흘려듣습니다.
"남의 일 때문에 그만 우울해하고
우리 영화나 보러 가자."
어이가 없습니다.

이 남자, 매사 이런 식입니다. 도무지 남에게는 관심이 없습니다.
적어도 사랑하는 여자가 친구 때문에 가슴 아파하면,
'내가 뭐 도와줄 일 없나?'
함께 걱정하는 척이라도 해야 한다고 생각합니다.
들으나마나 남자의 의견은 이럴 겁니다.
"한 사람 말만 듣고 어떻게 판단하니? 양쪽 말을 다 들어봐야지.
혼자 손뼉을 친다고 박수가 쳐지나?
손뼉도 마주쳐야 소리가 나는 법이라고.
남의 일에 지나치게 간섭하는 거 아니야.
친구가 하는 얘기를 열심히 들어주었다면
그걸로 자기 몫은 끝난 거라구!"
몇 번 비슷한 경험이 있습니다.
더 이상 다투기 싫어 입을 꽉 다물고, 영화를 보러 갑니다.
그런데……
이번에도 또 자기가 좋아하는 영화입니다.
짜증이 납니다. 버럭 소리를 지르고 맙니다.
"나 이런 영화 싫어한다고 했지!"
"아니, 그럼 다른 영화를 보자고 하면 되지
왜 그렇게 소리를 질러?"
"이제 그 정도쯤은 알 때도 되지 않았어?"
만난 지가 언제인데 아직도 일일이
내가 뭘 좋아하고 뭘 싫어하는지를 말해줘야 하는 걸까.
속이 상해 눈물이 다 핑 돕니다.
어떻게 이런 남자를 사랑하게 된 걸까?
정말이지 나 자신이 한심해서 죽겠습니다.

오른쪽으로 가는 남자

도대체 뭐가 문제인지!
기분이 울적하다고 해서 만나주었고, 친구 때문에 속상하다고 해서
기분 풀어주려고 영화를 보러 갔습니다.
그런데 내가 고른 영화가 마음에 들지 않았나 봅니다.
그렇다고 내게 왜 짜증을 있는 대로 내는 건지.
보고 싶은 영화가 있다면 미리 말하면 될 일입니다.
그리고 그 영화를 보러 가자고 하면 될 일입니다.
영화관에 도착할 때까지 아무 말도 없다가,
기분이 울적해 보여
일부러 '재미있다'고 소문난 영화를 고른 것뿐인데,
밑도 끝도 없이 "난 이런 영화 싫어한다구!" 소리를 지릅니다.
그러더니 '이제 자기가 무슨 영화를 좋아하는 것쯤은
알고 있어야 되지 않느냐'고 버럭 화까지 냅니다.
세상에!
언젠가는 기분이 울적하니
러닝 타임 내내 웃기는 영화를 보러 가자고 해놓고는……
이제 와서 자기는 그런 영화를 싫어한다면서
왜 여태껏 자기 취향도 파악하지 못했냐며 시비를 겁니다.
가끔씩 이럴 때마다 정말이지 적응이 되지 않습니다.
이 여자는 내가 자기 마음속에 들어갔다 나온 줄 압니다.
내가 자기 생각을 제대로 짚어내지 못하면 화부터 냅니다.
그러고는 무턱대고 자기를 사랑하지 않는 것 같다고 토라집니다.
정말이지 딱 한 번만,
이 여자 속에 들어갔다 나왔으면 좋겠습니다.

로렌스 뒤렐이 말했습니다.
"서로 사랑한다고 해서 마음과 생각이
완전히 통한다고 믿는 것은 정말이지 어리석다."

왼쪽으로 가는 여자

"자기는 봄이 좋다고 했지? 근데 나는 봄이 싫어.
따뜻하고 꽃이 피는 건 좋지만, 어수선하고 변덕스럽잖아."
"난 그래서 봄이 좋던데."
우리는 참 반대인 것 같습니다.
남자가 휴대전화를 받습니다.
"그게 뭐가 고마운 일이라고.
돌려주지 않아도 되니까 그냥 너 가져라."
남자에게 별 뜻 없이 물었습니다.
"누군데?"

여자의 자존심

"응. 후배. 우산이 없어서 버스 정류장까지 바래다주었더니
고맙다고 전화한 거야."
"근데 뭘 돌려주지 않아도 된다는 거야?"
"비가 너무 많이 와서 우산을 아예 줬거든.
그랬더니 우산도 돌려줄 겸 고맙다고 밥을 산다는 거야.
그래서 그냥 가지라고 했어."
이럴 수가.
남자는 기억을 못하고 있는 것 같습니다.
남자가 지금 후배에게 준 우산은
내가 선물한 겁니다. 틀림없습니다.
남자 후배인지, 여자 후배인지는 물어보지 않았지만
전화를 받는 남자의 말투로 봐서
그리고,
우산을 씌워주고, 그것도 모자라 아예 우산까지 주고,
심지어 그 일로 만나서 함께 밥을 먹겠다고 하는 걸 보니
분명 여자 후배입니다.
헤어질 때까지 내 입도, 마음도 열리지 않았습니다.
"뭐 화나는 일 있어? 뭐 기분 나쁜 일이라도 있냐고?"
이럴 때는 뭐라고 해야 하는 건가.
말 대신 남자를 한 대 쥐어박고 싶습니다.

오른쪽으로 가는 남자

이상합니다. 벌써 사흘째 연락이 되지 않습니다.
사흘 전에도 조금 이상하기는 했습니다.
평소와 달리 말도 없고,
기분 언짢은 일이 있었는지 낯빛도 좋지 않았습니다.
봄은 어수선하고 변덕스러워 싫다고 하더니
아무래도 봄을 타나 봅니다.
그래서 연락이 되지 않는 첫날, 나는 그러려니 했습니다.
그리고 둘째 날에는 집안에 혹시 무슨 일이 있는지
걱정하며 기다렸습니다.
그래도 연락이 오지 않습니다.
오늘은 자꾸 나쁜 생각이 듭니다.
혹시 헤어지고 싶어하는 것은 아닐까?
갑자기 연락이 뜸해지고 전화도 받지 않는다는 것은
분명한 이별의 징조입니다.
하지만 그럴 리 없습니다.
왜냐하면 요즘 들어 우리 둘 사이는
전보다 더 가까워졌으면 가까워졌지 멀어지지는 않았으니까.
'혹시 내가 말실수를 한 게 없었나? 내가 실망시킨 일은 없었나?'
부랴부랴 반성문을 쓰기 시작합니다.
아무리 기억을 더듬어도 떠오르는 게 없습니다.
더더군다나 그 여자는 잘못했거나 실수한 게 있었다면
그 자리에서 이야기하는 성격입니다.
그러니 더 답답합니다.
왜 전화를 받지 않고, 연락도 주지 않는 건지.

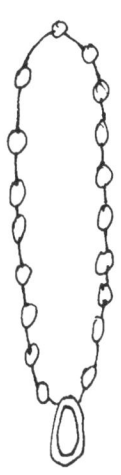

스탕달이 말했습니다.
"질투심 강한 여자는 애써 질투를 숨긴다.
사랑하는 남자와 마주치고 말도 없이
쌀쌀맞게 긴 밤을 보내기도 한다.
그러면서도 속으로는
그를 잃을까 봐 두려워하고,
자기가 그의 눈에 매력 없는 여자로
보이는 것이라고 자책한다."

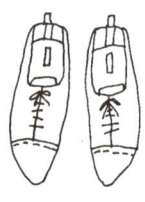 잘 어울릴 것 같은 사람
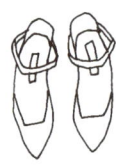

왼쪽으로 가는 여자

요즘 한창 열애 중인 친구.
소식이 뜸하더니 느닷없이 나타나서 말합니다.
"너하고 아주 잘 어울릴 것 같은 남자가 있는데……."
귀가 솔깃합니다.
고등학교 시절부터 알고 지낸 친구라
나의 이상형이나 좋아하는 스타일의 남자에 대해
누구보다도 잘 압니다.
한마디로 믿을 만하다는 얘깁니다.
어떤 남자일까. 은근히 궁금합니다.
"대체 뭘 보고 나하고 잘 어울릴 것 같다는 거야?"
"생각 있으면 말해. 소개팅 주선해볼게."
소개팅이란 말이 조금 부담스럽습니다.

"그러지 말고 너희 두 사람이 만날 때
그 남자와 나를 부르면 안 될까?"
"안 될 것도 없지!"
저 자신감에 찬 목소리!
자신감이 너무 지나치니까 살짝 의심이 갑니다.
'혹시 친구가 사귀고 있는 남자의 친구들이
여자를 소개해달라고 조른 것은 아닐까?
그래서 남자친구의 체면을 위해 무조건 엮는 거 아닐까?'
좀 더 자세히 물어봅니다, 남자에 대해서.
"나도 자세히는 몰라. 지난번에 만났을 때 함께 나왔는데
노래방에서 부르는 노래들이
네가 좋아하고 즐겨 부르는 노래들이더라.
그래서 너를 소개해주면 좋겠다는 생각이 들더라고.
그러니까 한번 만나보라고!"
"그래, 알았어. 그런데 그전에 네 남자친구한테
슬쩍 그 남자에 대해 좀 알아봐."
다음 날,
남자의 간략한 프로필과 함께
휴대전화로 찍은 사진이 날아왔습니다.
그리고 오늘,
나는 남자친구를 만나러 가는 친구를 따라가기로 합니다.
이유는 '길에서 우연히 마주쳐서' 입니다.

오른쪽으로 가는 남자

요즘 한창 열애 중인 친구가 있습니다.
얼마 전부터 내게 여자친구를 소개해주겠다고 큰소리를 치더니
오늘 갑자기 나오라고 하는 겁니다.
선약이 있다고 해도 막무가내입니다.
"오늘 여자친구를 만나러 가는데,
여자친구가 그 여자를 데리고 나온다고 한다.
그러니 무조건 나와라. 선약은 다음으로 미뤄라.
내 여자친구 말이,
자기 친구와 네가 정말 잘 어울릴 것 같다고 한다."
나가지 않으면 친구가 곤란해지는 모양입니다.
하지만 나 때문에 두 번이나 뒤로 밀린 약속입니다.
그 약속을 세 번째 뒤로 미루자고 하려니 입이 안 떨어집니다.
"이번엔 그냥 넘어갈 수 없다. 밥도 사고 술도 사라!"
선약을 미루는 데 돈이 많이 들어갑니다.
'오늘 허탕만 쳐봐라! 내 이 자식을 가만두나.'
벼르고 있는데 친구도 나름 신경을 많이 쓰는 것 같습니다.
"그곳에서 우연히 만나는 걸로 하자. 내 여자친구가 그러자고 한다.
소개팅이라 생각하고 만나면 서로 부담스럽다고."
"그러지 뭐."
대신 약속 장소에 난 조금 늦게 도착하기로 합니다.
그 여자도 그 자리에 내가 나오는 줄 모르고 나오는 모양입니다.
암튼 잘 어울릴 것 같은 여자라고 하니 자못 기대를 해봅니다.
여자가 나를 보고 실망하지는 않을까,
은근히 걱정도 됩니다.

H. 레니에는 말했습니다.
"남자에 대한 일은 타인도 알 수 있다.
그러나 여자에 대해선
타인은 거의 짐작밖에 못한다."

다른 생각에 빠지다

왼쪽으로 가는 여자

"그 앞에 서 있어요. 늦지 않게 갈게요."
추운 날인데 남자가 거리에서 만나자고 합니다.
우리는 1분도 기다리지 않고 만났습니다.
남자는 먼저 와 있었습니다.
"손난로입니다!"
만나자마자 손을 내미는 남자.
지난번 만남에서 처음으로 손을 잡았는데,
손을 잡기가 여전히 쑥스럽나 봅니다.
멋진 핑계를 만들어왔습니다.
남자의 손이 손난로처럼 따뜻합니다.
"그런데 우리 지금 어디 가는 거예요?"
"가보면 알아요."
나는 목적지도 모른 채 걷습니다. 누군가가 남자 이름을 부릅니다.
남자는 걸음을 멈추고 두리번거리다가
손을 흔들며 다가오는 사람을 향해 환하게 웃습니다.
"친구예요."
남자는 속삭이며 슬그머니 잡은 내 손을 놓습니다.
친구는 나를 슬쩍 훔쳐봅니다.
두 남자는 반갑게 인사를 나누고 헤어집니다.
친구와의 거리가 멀찍이 떨어지자
남자는 다시 내 손을 잡습니다.
나도 모르게 내 손이 남자의 손을 피합니다.
잡은 손은 놓더라도 최소한 친구에게 소개는 시켜주어야 했습니다.
'그런데 왜 손을 놓았을까?'

> 오른쪽으로 가는 남자

여자는 인형을 참 좋아합니다.
어제, 거리를 지나가다
여자가 정말 좋아할 만한 커다란 곰 인형을 보았습니다.
당장 사주고 싶은 마음에 날이 밝자마자 만나자고 조릅니다.
곰 인형 앞에서 입이 함박만해지는 여자.
상상만 해도 즐겁습니다.
난 걸을 때 주머니에 손을 넣지 않습니다.
하지만 오늘은 불편을 감수하고
호주머니에 손을 넣고 걸었습니다.
따뜻한 손을 준비해두었다가
여자에게 손난로가 되어주고 싶어서.
여자가 자꾸 어디 가느냐고 묻습니다.
난 가르쳐주지 않습니다.
나는 이 여자가 왜 이렇게 좋은지 모르겠습니다.
그냥, 괜히 좋습니다.
호주머니에 넣고 다니고 싶을 만큼 사랑스럽습니다.
세상 사람들을 모아놓고
'이 여자가 내 여자친구입니다' 외치고 싶습니다.
가는 길에 우연히 친구를 만났습니다.
난 얼른 손을 놓았습니다.
난 아직 나에 대한 여자의 마음을 모릅니다.
그 때문에 친구에게 소개하고 싶었지만, 다음으로 미뤘습니다.
으흐흐.
나는 원래 이렇게까지

여자에게 깊은 배려를 할 줄 모르는 놈입니다.
그런데 이상하리만큼 이 여자 앞에서는 신사가 됩니다.
나를 매사 신중하고 조심스럽게 행동하게 만드는 여자입니다.
나는 이 여자를 사랑하고 싶습니다.
그런데……
여자는 곰 인형을 보고 생각했던 것만큼
좋아하지 않았습니다.

제임스 볼드윈이 말했습니다.
"사랑은 우리가 생각하는 것처럼
아름답게 시작되고 끝나지 않는다.
사랑은 전투이고 전쟁이며 성숙의 아픔이다."

사랑의 상처를
치료하는 일은……

왼쪽으로 가는 여자

이 남자를 사랑한다? 사랑하지 않는다?

한 길로만 걷다가 갈림길 앞에 선 기분입니다.

어느 쪽일까?

얼마 전, 친구가 물었습니다.

그 남자를 사랑하느냐고.

음, 일단 남자를 만나는 시간이 즐겁습니다.

그러니 사랑하는 것도 같습니다.

하지만 이 남자를 만나서 즐거운 사람은 나뿐만이 아닙니다.

모두들 즐겁다고 합니다.

그렇다면 나는 이 남자를 사랑하는 거고

이 남자는 나를 사랑하지 않는 것일 수도 있다는 말이 됩니다.

그렇다면 사랑한다? 사랑하지 않는다? 를 떠나서
사랑해서는 안 될 사람이 아닐까…… 싶습니다.
더군다나 이 남자는 여자들과 사이가 아주 좋습니다.
이 남자에게 내가 특별한 존재가 아니라면?
한번은……
나에게 준 것과 똑같은 것을
남자의 여자 후배가 갖고 있는 걸 본 적이 있습니다.
다시 생각해보니 사랑해서는 안 될 사람 같습니다.
그런데 문제는……
내가 지금이라도 이 남자가 만나자고 하면 거절하지 못하고
달려나갈 것 같다는 겁니다.
그러니 나를 조금만 더 특별히 대해주면 좋겠습니다.
오직 나하고만 같이 있고 싶어한다거나,
아무에게도 하지 않은 이야기를 나에게만 해준다거나,
하루 24시간 중 내 생각만 하는 시간이 따로 있다든가.
남자를 사랑하느냐고 물었던 사람이
또 묻습니다.
"그 남자를 사랑해?"

> 오른쪽으로 가는 남자

내가 이 여자를 사랑하는 건가?
솔직히 잘 모르겠습니다.
일단 여자랑 같이 있으면 즐겁습니다.
함께 있어 행복한 것이 사랑이라면
사랑 같기도 합니다.
하지만 다른 사람과 있어도 즐거울 때는 많습니다.
그러므로 'love'가 아니라 'like'인지도 모릅니다.
"내가 오늘 어디서 누구하고 있는지 궁금하지도 않아요?"
여자가 물을 때 조금 당혹스럽습니다.
궁금한 것 같기도 하고, 궁금하지 않은 것 같기도 합니다.
궁금하지 않다고 하면 '날 사랑하지 않는군요' 할 거고,
그래서 궁금하다고 하면 '거짓말 말아요!' 할 겁니다.
그러다 '당신은 그런 사람이라구요' 이렇게 단정짓고
쌩 토라질 겁니다.
그럼 사랑하지 않는 건가?
에잇! 모르겠습니다.
그냥 좋아하니까 만나는 거고,
만나다 보면 사랑하게 되는 거고,
사랑하다 보면 온종일 함께 있고 싶어 결혼하는 거고.
이런 거 아닐까 싶습니다.
그러니……
만나면서 차차 사랑해가면 될 일이라고
복잡한 거 하나도 없다고 이야기하면,
"그러니까 당신은 날 사랑하지 않는 거라구요"라고 말하는 여자.

으악.

사랑은 너무 복잡합니다.

사랑한다? 사랑하지 않는다?

이젠 그만 생각하고 싶습니다.

'그러니까 당신은 날 사랑하는 게 아니야.'

'그것 봐, 그러니까 당신은 날 사랑하지 않는 거라구.

내 말이 맞아. 확실해!'

사랑이라는 것…… 참 골칫거리입니다.

그래서 사랑이라는 거……

돈 주고 살 수 있는 거였으면 좋겠습니다.

그럼 여자에게 한 보따리 안겨주고 나 좀 편해지게.

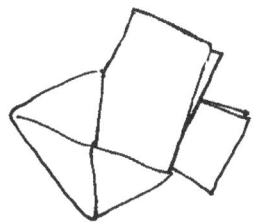

헨리 데이비드 소로가 말했습니다.
"사랑의 치료책은
더욱더 사랑하는 것밖에는 없다."

왼쪽으로 가는 여자

내 나이 서른다섯. 남자를 만나러 갑니다.
오로지 인연을 만들기 위한 만남. 왠지 기분이 초라합니다.
서른다섯이라는 나이 때문에 더 그럴지도 모릅니다.
초라해지는 나를 다독이며 만나러 가는 이유는
이번에 만나는 남자가 나의 인연일지도 모른다는 생각 때문입니다.
하늘이 정해준 내 인연이 바로 오늘 선보는 남자일지 모른다는 기대.
초라해지는 게 싫지만 나가지 않으면 운명을 놓칠 것 같다는 심리.
바로 이 때문에 썩 유쾌한 기분이 들지 않아도 선을 보러 갑니다.
매번 운명을 만나러 나갔고, 그때마다 번번이 실망해서
돌아왔습니다. 오늘은 다행히 남자가 먼저 와 있습니다.
기본적인 예의를 갖춘 남자 같아 일단은 마음이 놓입니다.
그런데 차를 주문하지 않고 나가서 저녁 식사를 하자고 합니다.
찻집에서 차도 안 마시고 그냥 나가자고?
먼저 가볍게 차 한잔 마시며 대화를 나눈 후
저녁 식사를 하는 게 순서가 아닐까 싶은데……
혹시 찻값이 아까워서 그러는 건가?
만약 그렇다면 이 남자, 결혼하면 날마다 가계부 검사를 할
사람입니다. 저녁 식사도 너무 약소했습니다.
물론 내가 점심을 늦게 먹어서 간단히 먹자고는 했지만
마음 한구석이 찜찜합니다. 사람 많고, 공기 안 좋은 찻집보다
차라리 공원에서 자동판매기 커피를 마시는 게 어떠냐고
말한 사람도 나지만 그 말에 남자 얼굴에 아주 화색이 돕니다.
이 남자 좀 안됐습니다. 결혼하면 처자식 입에 들어가는 것도
아까워서 잔소리할 것 같습니다.

오른쪽으로 가는 남자

가정을 꾸리고 싶습니다.
휴일이면 내 아이와 놀이공원에 가고 싶습니다.
술자리에서 늦어지면,
'아빠, 왜 빨리 안 오세요. 아빠, 아이스크림 사 갖고 오세요.'
조르는 아이 목소리를 듣고 싶습니다.
나만을 위해 밥상을 차리고,
내가 오길 기다려주는 아내를 갖고 싶습니다.
그래서 서른일곱 살인 나는 오늘도
정말 나가기 싫지만 선을 보러 나갑니다.
'오늘 나오는 여자가 내 운명의 여자일지 모른다.'
이런 기대라도 해야
단지 결혼을 목적으로 여자를 만나는 자리가 덜 초라해집니다.
여자는 정각 7시에 나타났습니다.
시간을 지킬 줄 아는 여자라는 점이 일단은 마음에 듭니다.
그래서 먼저 저녁 식사를 하자고 했습니다.
사실 마음에 들지 않으면
나는 차만 마시고 헤어집니다.
나이 들수록 찻집에서 시간 보내는 일이
어색하고 재미가 없습니다.
찻집보다는 호프집이나 포장마차가 더 편합니다.
왠지 느낌에……
이 여자에게는 예의나 격식을 차리지 않아도
될 것 같다는 생각이 듭니다.
저녁을 먹고,

어디서 차 한잔을 할까? 하는데
한적한 공원에 가서 자동판매기 커피를 마시자고 합니다.
이 편안함!
적어도 이 여자는 백마 탄 왕자를 기다리는
철없는 공주는 아닌 것 같습니다.
이런 여자라면 내 배경이나 조건이 아닌
내 모습 그대로를 보고 좋아해줄 것 같습니다.
이 여자와의 결혼을 상상해봅니다.
소박한 밥상에서
맛있게 저녁 식사를 하고
다정하게 손을 잡고 공원에 나와서
차 한잔 마시며 담소하는 그림.
그림이 완성되자마자 나는 바로 여자에게 말합니다.
"주말에 영화나 한 편 봅시다!"

오한 볼프강 폰 괴테는 말했습니다.
"애인에게 값비싼 선물은 주지 말라.
값싼 선물을 재치 있게 골라라.
애인의 결점을 장점으로 볼 수 없는
사람에게 진실한 사랑은 없다."

사랑하고 싶은데……

왼쪽으로 가는 여자

사랑을 하고 싶어 죽겠는데 남자가 없습니다.
사랑을 하고 싶어 미치겠는데 사랑하고 싶은 남자가 없습니다.
더 불행한 것은 나를 사랑하는 남자는 있다는 겁니다.
그 남자는 늘 한결같은 눈빛, 목소리로 내게 사랑을 말합니다.
내 마음이 그 남자의 마음과 같아서 그 남자가 나를
바라보는 눈빛으로 나도 그 남자를 바라볼 수 있다면 좋으련만.
사랑은 참으로 얄궂습니다.
나를 사랑하는 남자를 사랑할 수 없는 것도 슬픈 일.
그래서 사랑해보려고도 했습니다.
남자의 애틋한 눈빛에 미안해서 노력도 많이 했습니다.
"도대체 그 남자에게서 채워지지 않는 부분이 뭐야?"
딱 하나입니다.
"사랑!"
친구들은 그 남자에게 고마워해야 한다고 말합니다.
나도 압니다.
지금껏 그 남자만큼 나를 사랑해준 사람이 없으니까.
그렇다고 나도 그 남자를 사랑해야 하는 것은 아닙니다.
사랑은 머리로 하는 것이 아니라 가슴으로 하는 것이어서
가슴은 아니라고, 아니라고, 도리질치는 사랑을
조건 때문에, 고마움 때문에,
미안함 때문에 할 수는 없습니다.
고마운 사람……
그리고 미안한 사람. 그래도…… 그래도……
사랑할 수 없는 사람.

오른쪽으로 가는 남자

사랑받고 싶습니다.
그래서 열심히 사랑했습니다.
처음에는 어느 정도 자신도 있었습니다.
노력해서 생기는 거라면 얼마든지 얻을 자신이 있었습니다.
지금까지의 내 삶이 그러했습니다.
열심히 공부했고,
최선을 다해 살았고,
열심히 공부한 만큼, 최선을 다한 만큼 대가도 얻었고.
함께 출발한 사람들에 비해 모든 면에서 앞서 있다고 자부합니다.
때문에 노력하면 안 되는 게 없을 줄 알았습니다.
그래서 내 사랑을 조금도 부끄러워하지 않고
다 드러내 보여주었습니다.
하지만 지금은,
도저히 넘을 수 없는 벽을 바라보고 있는 기분입니다.
언젠가는 마음을 주겠지…… 기다려도 보고,
나 혼자 미친 듯이 달려가보기도 하고,
한 발짝 물러나 관심 없는 척도 해보고,
울어도 보고 웃어도 보고.
그래도 나를 사랑할 수가 없나 봅니다.
참 많이 미안해합니다.
덕분에 사랑하는 것보다
사랑을 받는 것이 더 힘들고
어려운 일이라는 걸 알았습니다.
이제 그만 멈추고도 싶지만

아무리 노력해도 나를 사랑할 수 없는 여자의 심장처럼
나 또한 아무리 노력해도 내 사랑을 말릴 수가 없습니다.
여자가 나를 영원히 사랑하지 않는다고 해도
지금 이 사랑을 멈출 수가 없습니다.
정말 말 참 안 듣습니다, 사랑이라는 거.

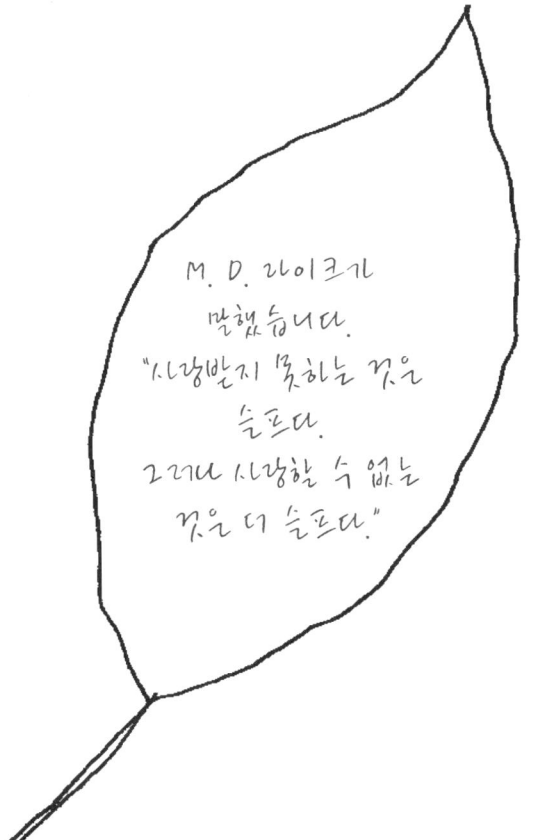

왼쪽으로 가는 여자

달랑 메일 한 통으로 관계를 끝냈던 남자가 돌아왔습니다.
"너와 다시 시작하고 싶어."
내가 이렇게 시시하고 형편없는 남자를 그토록 사랑했었다니……
나 자신이 미워 죽겠습니다.
자리를 옮겨 차를 마시자는 남자를
난 단호하게 거절하고 일어섭니다.
그리고……
혼자 걷습니다.
남자보다 내가 더 많이 좋아했습니다.
배고파 보이면 밥 사주고,

줄 때는 모르는 것

돈이 없어 보이면 가진 돈 모두 털어주고,
신발 끈을 묶고 싶은데 귀찮아하는 것 같으면
얼른 신발 끈을 묶어주고,
난 내가 할 수 있는 모든 것을 해주었습니다.
그 보답이,
"나는 네 앞에서 늘 초라하다"는 이유의 이별이었습니다.
이별하는 순간에도
나는 남자가 원하는 대로 해주었습니다.
내 후배와 만나는 것을 알았지만
그 후배로 인해 남자가 행복해지면 그만이라고 생각했습니다.
'내게 다시 돌아온다면……'
물론 상상해본 적이 있습니다.
내겐 아직 남자에 대한 미련이 남아 있습니다.
딱 잘라 단념하지 못하는 마음, 미련이란 거.
그걸 남자는 다시 돌아와 가져갔습니다.
조금 전,
남자는 이렇게 말했어야 합니다.
'떠나고 나서야 내가 널 사랑한다는 것을 알게 되었어.'
하지만 조금 전,
남자는 이렇게 말했습니다.
"너만큼 내게 헌신적이었던 여자가 없다."
다시 만나지 않았어야 했습니다.
그랬다면 남자와 여자로 만나던 그 시절을
나는 후회 없이 사랑했노라고
그리워하며 살았을 겁니다.

오른쪽으로 가는 남자

그 여자에게는 언제든 돌아갈 수 있을 거라 생각했습니다.
그 여자에게는 내가 전부이니까.
자장면을 먹다가도 내가 냉면이 먹고 싶다고 하면
갑자기 자장면이 싫어졌다고 말하는 여자입니다.
자기는 버스를 타고 다니면서,
내게는 택시비를 선뜻 쥐여주던 여자입니다.
부르면 마다하지 않고
내가 있는 곳으로 달려오던 여자입니다.
그런 여자에게 나는 심술궂은 바람이었습니다.
그렇게 하는 것이 나를 사랑하는 여자에게
나를 사랑할 기회를 주는 것이라고 내 멋대로 생각했습니다.
그러면서도 사람이 사람에게, 여자가 남자에게,
어떻게 그렇게까지 잘할 수 있는지
종종 이해되지 않았습니다.
그러다가 그건 사랑이 아니라
소유하고 싶은 집착인지도 모른다는 생각을 하게 되었을 때,
나는 여자 곁을 떠났습니다.
여자의 사랑이 부담스러웠습니다.
사랑이 아니라 집착으로 보였습니다.
그 여자는 나 아닌 다른 남자에게도 헌신적일 것 같았습니다.
여자의 집착이 무서워
헤어지자는 말도 만나서 하지 못하고 메일로 써서 보냈습니다.
헤어질 수 없다며 매달릴 줄 알았고,
솔직히 그보다 더 심하고 위험한 생각을 할 것 같아 두려웠지만

여자는 매달리지 않았습니다.
딱 잘라 단념하지 못한 사람은
여자가 아니라 바로 나였습니다.
비로소 여자의 사랑이 제대로 보입니다.
돌아가자!
돌아가면 그 여자, 기다리고 있다가 환하게 웃으며 반겨줄 거다.
그 여자에게는 내가 전부이니까.

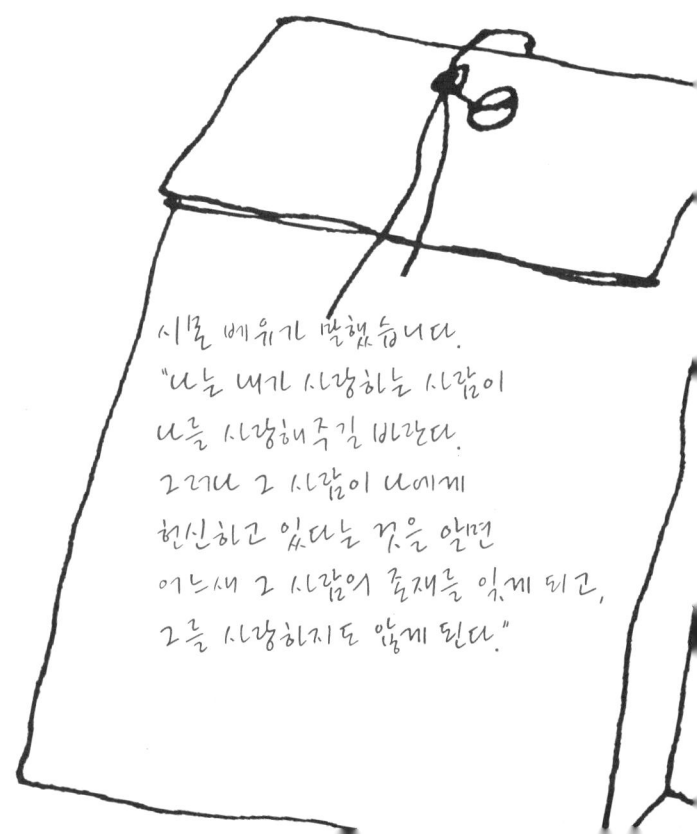

시몬 베유가 말했습니다.
"나는 내가 사랑하는 사람이
나를 사랑해주길 바란다.
그러나 그 사람이 나에게
헌신하고 있다는 것을 알면
어느새 그 사람의 존재를 잊게 되고,
그를 사랑하지도 않게 된다."

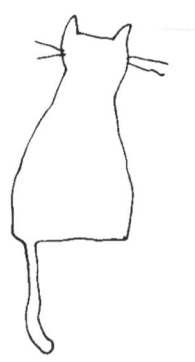

감추다

내가 좋아요?
내가 싫어요?

왼쪽으로 가는 여자

"내가 싫어요?"

남자가 묻습니다.

"그렇게 묻는 당신은 내가 왜 좋은 건데요?"

내가 되묻습니다.

"에이! 내가 먼저 물었잖아요."

쉽게 물러서지 않는 남자.

난 이런 남자가 싫지 않습니다.

단지 그에게 '나도 당신이 좋아요'라고

솔직하게 말하지 못할 뿐입니다.

그러니 남자가 '날 싫어하나?' 오해할 만도 합니다.
이러다간 이 사람도 다른 남자들처럼
조만간 내 곁을 떠나갈지 모르겠습니다.
"당신을 좋아합니다"라고 고백했던 남자들은
서너 번쯤 되풀이하다가 답이 없으면
혼자 오해하고, 혼자 갈등하다가
혼자 떠나버리곤 했으니까요.
이상하게도 나는 세상에서 이 말이 제일 하기가 힘듭니다.
'나, 당신이 좋아요' 하는 이 말이.
그래서 좋은 감정으로 만나고 돌아설 때마다
'다음에 만나면 나도 당신이 좋다고 꼭 말해주어야지.'
마음먹지만 번번이 실패합니다.
'당신이 좋아요'라는 말이 왜 그렇게 하기 어려운 것인지
나는 여전히 고민 중입니다.
아직도 고민 중이어서
그 말을 기다리다가 떠나가는 남자들이 보이지 않습니다.
'싫으면 만나겠어요? 남자들은 왜 이런 여자 마음을 모르죠?'
이 말이 그저 속에서만 맴맴 돌 뿐
입 밖으로 나오질 않습니다.
남자의 얼굴에서 서서히 핏기가 가십니다.
그걸 보는 내 가슴이 또 콱 막힙니다.

> 오른쪽으로 가는 남자

"내가 싫어요?"
여자에게 물어봅니다.
당연히 아니라고 말할 줄 알았습니다.
아니면 고개라도 흔들 줄 알았습니다.
난 적어도 이 여자가 날 좋아해서 만난다고 믿었습니다.
어젯밤, 버스에서 낯선 여자들의 대화를 엿들었습니다.
"넌 그 남자 별로라며 왜 만나는 거야?"
"그냥……. 그 남자는 내가 좋다고 하잖아.
만나면 너무 잘해주니까 그다지 마음에 없는데도
자꾸 만나게 되네."
물론 낯선 여자들의 대화에 등장하는 '그 남자'가 누군지
나는 모릅니다.

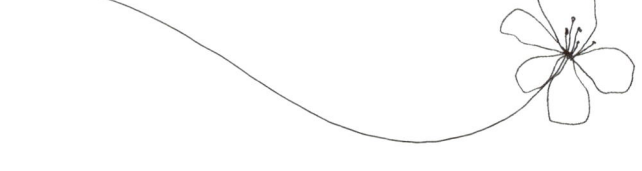

하지만 문득 '그 남자'가 나 자신일 수도 있다는
생각이 스쳤습니다.
그러고 보니 난 여자에게서 좋아한다는 말을
한 번도 들어본 적이 없습니다.
그래서 오늘 여자를 만나자마자 물었습니다.
"무슨 소리예요. 싫은데 어떻게 만나요?"
나는 여자가 완강하게 부인할 줄 알았습니다.

그러나 여자는 아무 대답도 하지 않습니다.
어젯밤에 버스 안에서 만난 낯선 여자들이 떠오릅니다.
'그럼 혹시 이 여자도 내가 잘해주니까
차마 싫다는 말을 하지 못하고 끌려나오는 걸까?'
아! 속이 울렁거립니다.
난 최선을 다해 사랑했는데…….
지금까지 나 혼자만의 사랑을 했나 봅니다.
착잡합니다. 그래도 후회는 하지 않으렵니다.
난 최선을 다했으니까.

시인 김형수가 말했습니다.
"그대의 감정을 가장 진지하게,
가장 솔직하게 고백함으로써 얻는 것이 사랑입니다.
상대가 그 감정을 받아주지 않더라도
당신은 자신의 감정에 충실했으므로
전혀 부끄러워할 필요가 없습니다.
만일 그렇다면, 당당하게 상대방에게 말하십시오.
'나는 내 안에서 일어나는 사랑의 감정을
소중히 생각하여 그대에게 고백하였습니다.
그대가 내 감정을 받아줄 수 없다면,
그 감정은 그대가 알아서 하십시오.
나의 최선은 여기까지니까요.'"

무관심

왼쪽으로 가는 여자

무슨 일이 있느냐고 친구가 묻습니다.
남자와 열흘째 연락되지 않는다고 말하면 친구는 뭐라고 할까?
나는 아무 일이 없다고 부인합니다.
열흘 전.
남자와 연극을 보고, 늦은 저녁 식사를 함께하고,
호프집에서 짧은 시간 대화를 나눈 뒤 헤어졌습니다.
남자는 여느 때처럼 나를 집까지 데려다 주고 돌아갔고,
나의 부탁대로 '지금 집에 막 도착했어요. 잘 자요'라는
문자 메시지도 보내왔습니다.
그리고 이후로 지금까지 소식이 없습니다.
난 그 남자 때문에 휴대전화를 손에서 놓지 못하고,
30분 간격으로 문자 메시지와 부재중 전화를 확인합니다.
문자도 보내보고, 전화도 걸어보고.
전화를 걸었을 때 한 번은 받지 않고,
한 번은 받은 것 같았는데 끊기고,
한 번은 전원이 꺼져 있었습니다.
이제 더는 남자에게 전화를 걸지 못할 것 같습니다.
문자 메시지도 보낼 수 없을 것 같습니다.
이건 헤어지자는 말보다,
이제 더는 너를 만나고 싶지 않다는 말보다 더 잔인합니다.
그러니 무슨 일이 있는 게 확실한데
친구에게조차 말할 수 없습니다.
그 남자가 나를 이렇게 만들어놓았습니다.

오른쪽으로 가는 남자

사는 게 심드렁합니다.
만나는 친구들마다 세상 살기가 점점 힘들어진다고 이야기합니다.
열심히 산다고 해서 잘사는 것도 아니라고 합니다.
내가 생각해도 그렇습니다.
모두들 "네가 잘해야 돼. 너만 잘하면 돼"라고만 할 뿐
"내가 힘이 되어줄게"라고는 말하지 않습니다.
심지어 여자친구까지도 마찬가지입니다.
"살다 보면 힘들 때가 있지. 그래도 어떡하니.
난 네가 잘 극복해내리라 믿는다."
속을 털어놓고 지내는 선배마저 내가 잘하는 수밖에
없다고 말합니다.
꼭 세상 밖으로 밀려난 느낌입니다.
'잠시 슬럼프에 빠진 걸 거야.'
나 자신을 다독이며 몸과 마음을 추스르려고 애씁니다.
그러면서 한편으론 여자를 기다립니다.
이럴 때 여자가 찾아와 버팀목이 되어주고,
디딤돌이 되어주면 기운을 차릴 것 같습니다.
그러나 딱 세 번 전화를 걸고는 지금까지 소식이 없습니다.
물론 전화를 받지 않은 내 탓도 있습니다.
그런데도 그게 서운합니다.
그 정도로 마음이 약해져 있는 것 같습니다.
하지만 곧 괜찮아지리라 믿습니다.
물결이 잔잔하게 가라앉으면 내 얼굴이 비치듯
머잖아 나의 마음 역시 잔잔하게 가라앉으리라 믿습니다.

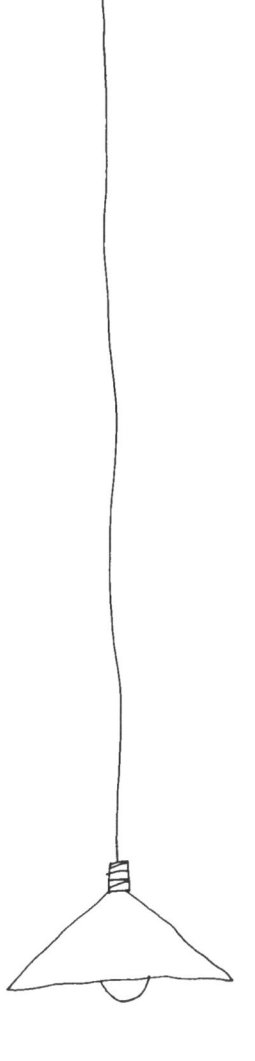

위젤이 말했습니다.
"사람은 무관심 때문에 실제로 죽기 전에
먼저 죽어버린다."

왼쪽으로 가는 여자

'공짜 표 생겼다. 같이 보러 가자.'
선배가 보내온 문자 메시지를 읽으며 잠시 웃습니다.
그러잖아도 '공연 보러 가자고 할 때가 됐는데?'
생각하던 중입니다.
선배는 분야를 가리지 않고 공연 보기를 즐깁니다.
그래서 꼭 보고 싶은 공연이 있으면 무조건 예매를 해둡니다.
그런 다음 같이 보러 갈 사람을 구합니다.
그때마다 번번이 동참하게 되는 이유는
이상하게 선배가 보러 가자는 공연은
내가 꼭 보고 싶어하던 공연이기 때문입니다.
"난 정말 운이 좋아요."

공연장 앞에서 선배를 만나 밝게 웃었습니다.
"그동안 어떻게 지냈어요?"
함께 공연을 보는 날이 아니면 딱히 만날 일이 없는 선배입니다.
그래서 이렇게 공연을 볼 때마다 만나 안부를 묻게 됩니다.
지난 연말에 함께 공연을 보았으니까 만난 지 석 달쯤 됩니다.
선배 역시 '사귀는 남자와는 잘 지내고?' 안부를 묻습니다.
"그사이 헤어졌어요."
선배에게는 숨길 이유가 없습니다.
늘 내 편에 서서 걱정해주는 최고의 조언자입니다.
"대체 어떤 남자를 원하는 거야? 그렇게 좋은 남자가 싫으면?"
"내가 그 남자가 싫어진 게 아니라
그 남자한테 딴 여자가 생겨서 헤어졌는걸요."
어느새 이토록 담담하게 말할 수 있게 된 것인지.
스스로의 감정에 놀라며 추억을 이야기하듯 말합니다.
남자가 여자를 떠나갔다는 고백에 선배는 버럭 화를 냅니다.
"왜 그렇게 화를 내요? 선배, 혹시 나 좋아하는 거 아니에요?"
"맞아! 그래!"
난 너무 놀랐습니다.
무엇 때문인지 나보다 더 놀란 선배는
"농담이야. 농담!" 하면서
거듭 부인합니다.
근데 그 목소리가 갈라져 있습니다.

오른쪽으로 가는 남자

여자에게 문자 메시지를 보내며 혼자 중얼거립니다.
'딱 석 달 만이네.'
다행히 여자에게서 '저도 그 공연 보고 싶었어요'라는
대답이 도착했습니다.
서둘러 공연 예약을 하고 여자에게 다시 문자를 보냅니다.
이렇게 두 달, 석 달에 한 번씩 공짜를 가장한 표로
나는 여자를 만나는 행복을 누립니다.
이나마도 들키면 두어 달에 한 번씩 여자를 만날 수 있는 기회를
놓치게 될까 봐 늘 전전긍긍하면서.
그런데 공연장 앞에서 만나
"그동안 잘 지냈구?" 안부를 주고받다가
여자가 사귀던 남자와 헤어졌다는 사실을 알게 됐습니다.
숨이 멎는 줄 알았습니다.
너무도 크게 뛰는 심장 소리를 들킬까 봐
여자에게서 멀찍이 떨어져 걸었습니다.
그러다 그만 좋아한다고 고백하고 말았습니다.
하지만 이내 농담이라고 발뺌했습니다.
'혹시 좋아한다고 하면 부담을 느끼지 않을까?
그러면 두어 달에 한 번씩 만나는 이 행복조차
누리지 못하게 되는 건 아닐까?'
그 짧은 순간에도 그런 생각이 들었기 때문입니다.

스탕달이 말했습니다.
"사랑에 빠진 남자의 말은 횡설수설인 경우가 많다.
그런 말로 인해 성급한 결론을 내리는 것은
현명하지 못하다.
그런 남자들은 우연히 내뱉은 말로 자신의 감정을
표현할 수밖에 없는 상태에 있다.
그때의 말 한마디는 사랑의 울부짖음이다."

진정한 사랑

왼쪽으로 가는 여자

창문 하나 없는 방에 갇혀 있는 것 같습니다.
더는 견딜 수 없을 것 같은 답답함.
가슴이 터질 것 같습니다.
"있잖아요, 집에서 자꾸 선을 보라고 하는데……."
얼마나 어렵게 꺼낸 말인데..
"그럼 선보고 나서 만나면 되겠네."
남자는 가볍게 받아넘깁니다.
맥이 풀립니다.
남자에게 그 한마디를 하기 위해 잠들기 직전까지
백번도 더 넘게 그 말을 연습한 건 아닙니다.
그런데 선을 보고 나서 만나자니…….
어제는 할 말이 떠오르지 않아
아무 말도 못하고 헤어졌지만

  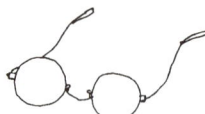

지금 내 가슴 안에는 할 말이 용암처럼 부글거리며 넘쳐흐릅니다.
'겨우 그 말밖에는 할 말이 없어요? 1년만 기다려달라든지,
아니면 지금 내 형편이 이러저러하니까 2년만 기다려달라든지,
이렇게 말해줄 수는 없는 거예요?
아니, 기다려달라는 말은 바라지도 않아요.
최소한, 선만은 절대로 보러 나가면 안 된다는 말은
해주어야 하는 거 아닌가요?
그러고도 나를 사랑한다고 생각하는 거예요?
사랑하는 여자가 다른 남자 앞에서 취미가 무언지,
주말에 주로 뭘 하며 지내는지 이야기하며 앉아 있는 게
당신이 바라는 거예요?'
어제는 한마디도 생각나지 않던 말들이
오늘은 아주 줄줄이 흘러나옵니다.
'네가 선보러 가면 난 죽고 싶을 거다!'
이렇게 말해줄 수는 없는 걸까?
남자를 이해하려고 하다 그만 내가 까무러치고 맙니다.

> 오른쪽으로 가는 남자

"눈에 왜 그렇게 핏줄이 섰어?"
만나는 사람마다 한마디씩 건넵니다.
밤새 한숨도 못 잤습니다.
누가 아는 척하는 것도 귀찮고, 말을 건네는 것도 싫습니다.
그냥 가만히 내버려두면 좋겠습니다.
여자에게 벌써 세 번째, 비슷한 말을 들었습니다.
"친구가 소개팅을 해준다고 하는데?" 이렇게 한 번.
"엄마 친구가 좋은 사람이 있다며 만나보라는 거 있지?"
이런 식으로 한 번.
그리고 어제 또 한 번 비슷한 말을 했습니다.
이번에는 선을 보게 될지도 모른다는 얘기였습니다..
내 처지……
어머니는 돌아가셨고, 아버지는 편찮으십니다.
누나 둘은 결혼해서 각자 자기들 살기 바쁩니다.
여자도 잘 압니다. 지금 나에게 '결혼'은 사치라는 걸.
여자를 만나러 갈 때마다
내 마음이 얼마나 착잡한지 아무도 모릅니다.
몸은 달려가는데 마음은 엉거주춤.
'나로 인해 이 여자가 불행해지는 건 아닐까.
이 여자를 사랑한다면 내가 모질게
마음을 접어주어야 하는 건 아닐까.
그래서 나보다 훨씬 나은 남자를 만날 수 있게
해주어야 하는 건 아닐까.'
이런저런 고민 때문에 '사랑한다'는 말도 하지 못하는 바보.

이런 바보가 사랑하는 여자 역시 바보 같아서
사랑한다고 하면, 불행도 마다 않고 끌어안을 겁니다.
하지만 그렇게 할 수는 없습니다. 아니, 싫습니다.
여자로 인해 지금 나의 막막한 현실은 희망처럼 보이지만,
나로 인해 여자의 인생이 막막해지는 것은 원치 않습니다.
'사랑하니까 헤어지는 거다.'
참 말도 안 되는 말이라고 생각했는데,
지금은 아닙니다.
심지어 '이 여자를 사랑하는 게 아니었다' 고
어쩌면 더 말도 안 되는 생각을 품게 될지도 모르겠습니다.

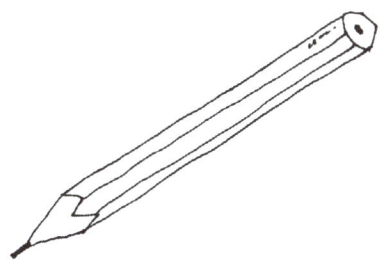

때때로, 앤더슨이 말했습니다.
"진정한 사랑은 상대방이 잘되길 바라는 것이다.
낭만적인 사랑은 단지 상대방이 있기만을
바라는 것이다."

사랑해, 라고
말할 수 없다는 것

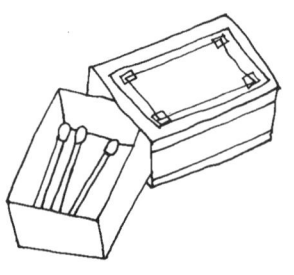

왼쪽으로 가는 여자

오늘 처음 만난 남자.
"어느 고등학교를 졸업했어요?"
"어느 동네에 살아요?"
"졸업하면 무엇을 할 건가요?"
"결혼은 언제쯤 하고 싶어요?"
"주말에는 뭘 하면서 지내나요?"
궁금한 것도 참 많습니다.
'도대체 저 질문들이 언제쯤이면 끝날까?'
순간, 떠오르는 남자가 있습니다.
기억 속을 헤집고 불쑥 떠오르는 남자는
대학에 들어오자마자 만난 사람입니다.
소개를 받은 것도 아니고, 남자 여자로 사귄 것도 아닙니다.
그저 친구였습니다.
그런데 지난봄, 남자가 떠났습니다.
"난 이제 그만 네 곁을 떠난다. 더는 힘들어 네 곁에 못 있겠다.
마지막으로, 한 가지만 묻자. 모른 척하는 거니,
아니면 정말 모르는 거니?"
남자가 떠나고 나서야 알았습니다.
내게 그 남자는 친구였지만,
남자에게 나는 친구가 아닌 소중한 연인이었다는 것을.
그때도 몰랐던 남자의 마음이 왜 오늘에서야 느껴지는지······.
끝없는 질문을 퍼붓는 저 낯선 남자를 만나고 나니
내게 아무것도 묻지 않았던 남자의 사랑이 비로소 보입니다.

오른쪽으로 가는 남자

"너 아직도 그 여자를 좋아해?"
나는 대답하지 않습니다.
당연히 '예스' 입니다.
"그 아이 오늘 소개팅한다고 그러더라.
소개팅 주선한 아이가 내가 아는 후배더라고."
친구의 말을 마음에 담지 않습니다.
그 여자 곁에서 3년을 친구로 지냈습니다.
그렇게라도 여자 곁에 있는 게 좋았습니다.
평생 그렇게 지낼 수 있을 것도 같았습니다.
하지만 1년, 2년, 3년이 지나자 가슴에 통증이 오기 시작했습니다.
처음에는 아프다가 낫고, 아프다가 낫고……
그러다가 통증이 점점 심해졌습니다.
하지만 그래서 여자를 떠났던 것은 아닙니다.
만약 여자에게 그 마음을 들키기라도 할까,
'너 때문에 내가 이렇게 아프다' 라는 것을 들키면 어쩌나,
그러면 또 너무 미안해서 여자가 상처를 받지 않을까……
그것이 걱정되어 떠나기로 마음먹었습니다.
몸이 멀어지면 마음도 멀어진다는 말,
세상에 떠도는 그 누군가의 말은 틀렸습니다.
내 곁에는 여전히 그 여자가 있고,
난 여전히 그 여자의 곁을 맴돌고 있습니다.
단지 마음에 걸리는 것은
"네겐 내가 친구였을지 모르지만 넌 내겐 친구가 아니었다."
그 여자를 떠날 때 이 말을 했던 것입니다.

단노 가즈오가 말했습니다.
"'사랑해'라는 말은 누구에게나 '사랑해'가 아니다.
여자를 사귀면 누구에게나 '사랑해'라고 하는
남자가 있다.
그러나 좋아하는 여자에게조차 '사랑해'라고
말하지 못하는 남자가 있다.
이 두 가지의 '사랑해'가 같을 리가 없다."

너의 모든 것을 사랑하기 때문에

왼쪽으로 가는 여자

영어 학원에서 집으로 돌아가는 길,
몸도 마음도 무겁습니다. 남자 때문입니다.
일주일 전, 남자에게 말했습니다.
"우리 일주일만 헤어져 지내요."
남자는,
"무슨 일이냐?"
"왜 그러느냐?"
"내가 화나게 한 일이라도 있느냐?"
묻고 또 묻다가 이내 고개를 숙이고 '알겠다' 고 했습니다.
1년을 만난 여자가 일주일 동안 공백기를 갖자고 하는데,
왜 그러느냐며 몇 번 다그치다 말고 고개를 끄덕이는 남자.
절망입니다. 하지만 기다립니다.
함께해온 세월이 1년.
남자는 내가 몇 시에 눈을 뜨고,

몇 시에 집을 나서고, 몇 시에 학원에 가며,
몇 시에 집으로 돌아오는지를 너무도 잘 압니다.
그래서 집을 나설 때, 학원으로 들어갈 때,
집으로 돌아올 때……
일주일 내내 주위를 두리번거렸습니다.
혹시 학원 근처 어딘가에서,
집 앞 어딘가에서 나를 기다리고 있지는 않을까,
내심 기다리며 기대했습니다.
그러나 일주일이 지나도 남자는 나타나지 않습니다.
이 남자는 어느 날 갑자기 내가 사라져도
상관없을 거라는 생각이 들기도 합니다.
한 번 더 기대해보기로 합니다.
오늘 밤,
집 앞에서 꽃다발을 들고 기다리고 있을지 모른다고,
"너 없는 일주일이 이렇게 길 줄 몰랐어."
이렇게 말해줄지 모른다고,
조심스럽게 상상하며 집으로 향합니다.

> **오른쪽으로 가는 남자**

이제 내일이면 여자를 만날 수 있습니다.
사정이 있어 만나지는 못하더라도
최소한 전화는 할 수 있습니다.
내일은 여자를 만나 이번 주에 개봉한 영화를 보고,
여자가 좋아하는 스파게티를 먹어야겠습니다.
'내일이면 말해주려나?'
일주일 전에 그늘진 얼굴로
'일주일만 헤어져 지내자'고 말하던 여자의 얼굴이 떠오릅니다.
무슨 일일까, 아무리 생각해봐도
마땅한 이유가 떠오르지 않습니다.
그래서 그냥,
'혼자 조용히 이것저것 생각해볼 시간이 필요한가 보다.'
이해하고 넘어가주기로 했습니다.
나는 그녀를 사랑합니다.
그 여자 역시 나를 좋아하고 있다고 확신합니다.
아마 여자에게도 이런 확신이 있었기에 그런 말을
내게 할 수 있었는지도 모릅니다.
그러니까 서운해할 일이 아니라 오히려
뿌듯해할 일이라는 생각까지 듭니다.
서로에게 신뢰가 없다면,
헤어지자는 말로도 들릴 수 있는 그런 이야기를
함부로 할 수는 없으니까…….
덕분에 모처럼 홀가분한 일주일을 보냈습니다.
그동안 여자를 만나느라 소홀했던 친구들도 만나고,

취미로 찍어놓은 사진들을 정리하는 시간도 갖고,
새로 나온 카메라 렌즈들을 구경하러 돌아다니기도 했습니다.
마치 사랑하는 여자가 일주일의 휴가를 준 것 같습니다. 내게.
가끔 거리에서, 찻집에서,
남녀가 함께 다정히 데이트하는
모습을 보면 '지금쯤 뭐 하고 있을까?'
그 여자가 궁금했지만
궁금함을 꾹 참고, 보고 싶고 만나고 싶은 마음도 꾹 참고,
여자가 원한 대로 일주일을 참았습니다.
'내가 이 여자를 참 많이 좋아하기는 하나 보다.'
새삼 여자를 사랑하는 마음이 단단하게 다져집니다.

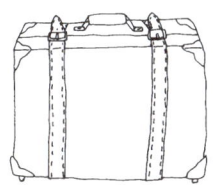

앙드레 모루아가 말했습니다.
"남자는 여자의 조건 때문에
그 여자를 사랑하는 것이 아니다.
여자를 사랑하기 때문에
그 여자의 모든 것을 사랑하는 것이다.
남자는 그 여자의 말 때문에
그 여자를 사랑하는 것이 아니다.
여자를 사랑하기 때문에
여자의 말까지 사랑하는 것이다."

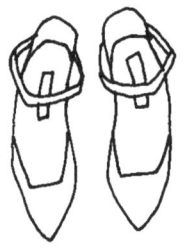

여자들의 이상한 습성

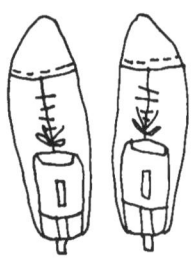

왼쪽으로 가는 여자

'나도 사랑을 하고 싶다!'
마음속으로 크게 외칩니다.
오직 나만을 보고 싶어하고,
내 손만 잡고 싶어하는 남자가 있었으면.
사랑하다 헤어지는 가슴 아픈 사랑이라도 좋으니
사랑이라는 것을 한 번만 해봤으면,
소원이 없겠습니다. 정말!
무엇이 문제일까? 한숨만 나옵니다.
한숨 소리에 친구가 따끔하게 일침을 가합니다.
"부산에 가고 싶으면 네가 부산으로 가야지.
부산이 네게로 오길 기다리면 되겠니?
그런데 넌 지금 부산이 네게로 오길 기다리고 있잖니?"
늘 듣는 말입니다.
하지만 면역이 되어 이제는 무디어졌나 봅니다.
친구와 헤어져 돌아오니 사무실 책상 위에 편지가 있습니다.
그 남자가 놓고 갔을 겁니다.
메일도 있고, 쪽지도 있고, 문자 메시지도 있는데
이 남자는 편지만 씁니다.
차라리 손을 잡고 나가서
'당신을 좋아합니다.'
고백하는 편이 훨씬 빠를 것 같은데.
아니면, 집 앞에서 고래고래 소리 지르며
'당신을 사랑합니다.'
떼라도 쓰면 좋겠습니다.

그러면 '이 정도로 나를 사랑한다면 한번 만나볼까?'
마음이 움직일 것도 같은데.
사실 편지로도 마음은 충분히 움직입니다.
그렇지만 남자의 정성과 사랑에 가슴이 벅차다가도
여전히 편지만 달랑 놓고 달아나는 답답함에
가슴이 싸늘하게 식어버립니다.
"이제 그만 차라도 한잔 마시자고 하렴."
친구의 한마디.
난 친구에게 이렇게 대답합니다..
"그러면 그 남자 틀림없이 이렇게 떠벌릴걸?
마침내 그 여자가 날 찾아왔다고!"

오른쪽으로 가는 남자

내가 특별하게 생각하는 사람이
나를 특별하게 생각하지 않는 관계는 슬픈 관계입니다.
그 여자와 나의 관계가 그렇다고 생각합니다.
내 마음을 받아주지 않는 여자 때문에
매일매일 슬픔에 빠져 허우적거립니다.
몇 번 고백도 했습니다.
같은 회사에서 일하는 관계이니
가끔 한자리에 있을 기회가 주어집니다.
그러면 전날부터 열심히 준비해둔 말을
마치 그때 생각나서 한다는 듯,
"내가 당신을 좋아해도 되나?"
농담을 가장해 고백해본 적이 두어 번쯤 됩니다.
한 번은 여자가 듣지도 못했고,
한 번은 농담이 너무 심하다고 했습니다.
그래서 여자에게로 향한 마음의 고삐를 돌려보려 하는데
뜻대로 되지 않습니다.
'네가 진실로 원한다면……'
마음이 충고했습니다.
그래서 난 여자에게 편지를 쓰기 시작했습니다.
메일도 있고 쪽지도 있지만,
편지가 왠지 마음을 알아주는 시간을
단축시켜줄 것 같습니다. 그러다 지치면 여자를 붙잡고
'나 당신을 너무너무 좋아합니다.'
고백해버릴 겁니다.

그 여자의 집 앞에서
'나 당신을 사랑합니다' 라고 떼라도 쓸 겁니다.
하지만 그러면 여자는 더 멀리 달아날 것 같습니다.
여자가 진심으로 나를 사랑하기를 바랍니다.
온 마음으로 편지를 쓰다 보면
그 여자의 마음도 내 마음처럼 될지 모릅니다.
하늘이 무심치 않다면 말입니다.
그러나 하늘도, 여자도 여전히 무심합니다.
아무래도 그 여자는 사랑하기가 싫은가 봅니다.
'내가 왜 그렇게 싫은 걸까?'
자꾸 바보 같은 생각만 듭니다.

게오르크 지멜이 말했습니다.
"거부하면서도 받아들이는 것,
이런 행동은
오직 여자들만이 완벽하게
해낼 수 있는 것이다."

사랑이 주는 것, 사랑이 빼앗아가는 것

왼쪽으로 가는 여자

남자를 사랑하고 싶습니다. 아니, 이미 사랑하고 있습니다.
그런데 그 사랑이 자꾸 방해를 받습니다.
남자의 과거 때문입니다.
"그 남자가 사랑했던 여자가 알고 보니 내 친구의 친구였다더라!"
내가 그 남자를 만나는 걸 알고 있는 친구의 반갑지 않은 소식.
어쩌면 남자는 헤어진 여자를 잊기 위해
지금 나를 만나고 있는 건지도 모릅니다.
'그 여자보다 나를 더 먼저 만났더라면……'
자꾸 한심한 생각만 듭니다.
친구 얘기를 들은 뒤로는 함께 거리를 걸어가던 남자가
잠시 주춤거리기만 해도
'저들 중에 예전에 사귀던 여자가 있는 것은 아닐까?'
남자를 살피게 됩니다.
휴대전화만 꺼져 있어도, 반나절만 연락이 되지 않아도,
오늘은 친구들과 약속이 있다며 내일 만나자고만 해도
가슴이 황량해집니다. 뿐만 아닙니다.
"그 영화 봤어요?" 물었는데 남자가 고개를 끄덕이면,
그것도 싫습니다.
'누구랑 봤는데요?'
물어보고 싶은 걸 억지로 참는 나도 싫고.
유치한 질투와 의심에서 헤어나지 못하는 나.
이런 나를 위해 남자는 변명도, 위로도 하지 않습니다.
그저 나를 보면 웃습니다. 그게 사랑인지, 아닌지……
제발 말 좀 해주면 좋으련만.

오른쪽으로 가는 남자

헤어짐을 겪고,
이제 더는 사랑이라는 걸 하지 않겠다고 결심했습니다.
그러나 이 말도 사랑만큼이나 허망한 것이었습니다.
자꾸 한 여자가 눈앞에 아른거립니다.
사랑 때문에 또 가슴 멍들게 하고 싶지 않아서
피하고 싶었던 사랑.
더 이상 피할 곳이 없어지고,
나는 정면으로 돌아서서 여자를 사랑하기로 했습니다.
사랑의 아픔은 사랑으로 치유해야 한다?
그때 실감했습니다.
그런데 이번엔 여자가 자꾸 돌아서려고 합니다.
어디선가 내 지난 사랑에 대해 들은 것 같습니다.
마음이 아픕니다.
"그 영화 누구랑 봤는데요?"
가끔 날카로워져서 물을 때가 있습니다.
걸어가다가 근사한 찻집이 눈에 뜨여
'이 여자와 함께 저 근사한 찻집에 들어가보고 싶다'는
생각을 하다 보면
"왜요? 아는 사람이라도 만났어요?"
전혀 예상 못한 반응을 보입니다.
그때마다 '내가 지금 사랑하는 사람은 당신입니다'라고
말해주고 싶지만 아직은 그 말이 여자에게
들리지 않을 것 같습니다.
'그럼 전에는 다른 사람을 사랑했다는 얘기군요.'

이렇게 받아들일지도 모르고.
그래서 난 기다려주고 싶습니다.
여자에게서 의심과 질투, 오해가 사라지고
온전한 사랑만 남을 때까지.
물론 지칠 때도 없지 않습니다.
'이 여자는 왜 이렇게 자기의 사랑도 믿지 못하고,
자신을 사랑하는 사람의 사랑도 확신하지 못하고
불안해하는 걸까?'
아무리 사랑한다고 말해주어도
마음으로 그 사랑을 느끼기 전에는 달라지지 않을 겁니다.
제발 여자가 이런 내 마음을 알아주었으면 좋겠습니다.

새러 티즈데일이 말했습니다.
"나는 첫사랑에게 웃음을 주었고,
둘째 사랑에게는 눈물을 주었다.
셋째 사랑에게는 아주 오랫동안
갚고 깊은 침묵을 선사했다.
내게 첫사랑은 노래를 주었고,
내게 둘째 사랑은 눈을 주었다.
오, 그러나 나의 셋째 사랑은
내게 나의 영혼을 선물하였다."

이상합니다, 오늘은……

왼쪽으로 가는 여자

걸어가는데 누군가가 팔을 낚아챕니다.
2년 전에 잠시 만나다 헤어진 남자입니다.
얼결에 형식적인 인사를 건네는데
남자의 얼굴에 반가움이 번집니다.
'이 남자는 나만 보면 이렇게 반가워했었지!'
2년 전의 일들이 기억납니다.
나도 이 남자가 싫지 않았고,
이 남자는 나를 퍽 많이 아껴주었습니다.
만약 이 남자가 늘 그 자리에 서 있는 가로수처럼만 있어주었다면
헤어지지 않았을지도 모릅니다.
그러나 남자는 내 사랑에 목말라했고,
나는 아직은 사랑이 아닌 것 같아
남자가 조금만 더 기다려주기를 바랐습니다.
하지만 남자도, 나도 서로가 원하는 대로 하지 못했습니다.
그러니 헤어질 수밖에.
싫지는 않았던 남자.
그래서 나는 헤어지자는 말 대신
내가 연락할 때까지 기다려달라고 했습니다.
남자는 순순히 고개를 끄덕이며 알겠다고 했습니다.
뜻밖이었고 고마웠습니다.
그러나 난 2년 동안 남자를 찾지 않았습니다.
그렇게 헤어지고 나서 한 달 후쯤,

딱 한 번 전화가 걸려온 적이 있습니다.
물론, 받지 않았습니다.
그리고 오늘 우연히 거리에서 마주쳤습니다.
남자가 물었습니다.
"나한테 무슨 할 말 없어요?"
남자는 대답할 시간도 주지 않고 손에 들고 있던
휴대전화를 낚아채가더니
자기 휴대전화 번호를 누릅니다.
남자의 휴대전화가 울립니다.
그제야 휴대전화를 돌려주며 남자가 말했습니다.
"꼭 전화해요. 알았죠? 꼭 해야 해요."
"얘, 너무 멋있다. 누구니?"
옆에 있던 친구가 부러워 죽겠다고 발을 동동 구릅니다.
그런 친구의 말도,
휴대전화 돌려주고 황급히 사라진 남자의 행동도
싫지가 않습니다.
이상합니다, 오늘은.

오른쪽으로 가는 남자

시간을 꼭 지켜야 하는 일인데 그만 출발이 늦어졌습니다.
차 타고 가는 걸 포기하고 지하철을 탑니다.
지하철에서 내려 또 뜁니다.
그런데 하필 그 순간에 나타났습니다, 그 여자가.
어디서라도 우연히 한번은 마주치겠지…… 하고
마음에 품고 있는 여자.
마음 같아선 그길로 여자를 붙들고
찻집에라도 들어가고 싶었지만 시간이 없습니다.
왜 하필 이렇게 시간에 쫓길 때 마주친 건가.
안타깝지만 별도리가 없습니다.
다행히 여자의 손에 휴대전화가 들려 있습니다.
시간은 없고, 인연의 끈은 놓고 싶지 않고,
실랑이할 시간조차 없고.
난 여자의 휴대전화를 낚아챈 후 내 전화번호를 남겼습니다.
일을 마치자마자 휴대전화부터 켰습니다.
문자 메시지가 속속 들어오는데 가슴이 벌렁거립니다.
그러나 여자에게서는 문자 메시지도,
부재중 전화도 와 있지 않습니다.
그래도 이젠 언제든 여자에게 연락할 수가 있습니다.
드디어 내 휴대전화 속에 여자가 있습니다.
휴대전화 벨소리를 최대한 크게 울리도록 높입니다.
난 꼭 이유를 듣고 싶습니다.
2년 전, 연락할 때까지 기다려달라 해놓고는
왜 지금까지 연락하지 않았는지.

기다리다 기다리다 화가 나서 휴대전화 번호를 바꿔버렸는데
그때 내가 얼마나 후회했는지 모른다고 꼭 말해주고 싶습니다.
이후 한 1년 정도는 여자의 휴대전화 번호를 외우고 다녔습니다.
다른 여자를 소개받는 자리에서도,
거리에서 뒷모습이 비슷한 여자를 볼 때에도
그 여자 생각을 했습니다.
그런데 이제 좀 정신이 나나 봅니다.
혹시 아까 기분이 상한 건 아니겠지?
옆에 친구도 있었던 것 같은데.
이제야 이런 생각이 듭니다.
암튼 이상한 날입니다, 오늘은.
모든 게 순서가 뒤죽박죽입니다.

지크 시르 동은 말했습니다.
"남자에게 치중한 것은 사랑하는 여자이다.
남자는 모든 행복과 고민을 여자로부터 끌어낸다.
이에 대하여 여자는 모든 것에 싱거운 맛,
매운 맛, 단맛을 친다."

지난 1년

왼쪽으로 가는 여자

1년 전입니다.
여러 사람이 있는 자리에서 한 남자를 만났습니다.
겨울 바다를 닮은 남자였습니다.
우연이었을까.
아니면 나를 유심히 쳐다보고 있던 남자에게 내 시선이 걸린 걸까?
그것도 아니면 내가 무의식중에
그 남자를 틈틈이 훔쳐보았던 것일까?
서너 번 정도 눈이 마주쳤습니다.
마음에 출렁, 파도가 일었습니다.
눈길의 마주침이 우연이 아니길 바랐습니다.
'저 남자가 내 운명이라면 연락이 오지 않을까?'
내심 기다렸습니다.
정확히 열흘 후, 남자에게서 전화가 왔습니다.
가슴이 그렇게 뛰어보기는 처음입니다.
'이렇게 느닷없이 사랑을 시작해보는 것'
평소 내가 꿈꾸던 사랑입니다.
그런데 남자는 참 덤덤했습니다.
그저 한번 전화를 걸어본 것 같은 무심한 음성.
내가 꿈꾸던 사랑은 그날로 흐지부지되고 말았습니다.
그런데 남자는 지난 1년 동안 잊을 만하면 한 번씩 전화를 겁니다.
어느 날 불쑥 전화해서 안부만 묻고는 전화를 끊습니다.
문득, 그 남자의 직업이 회계사라고 했던 게 기억납니다..
'마음 끌리는 여자를 만나 1년 동안이나
그 여자를 이리저리 재보는 남자의 모습'이 자꾸 상상됩니다.

그렇다면 정말 불쾌한 일이 아닐 수 없습니다.
급기야 더는 참지 못하고 오늘은 불쾌감을 드러내고 맙니다.
"제가 맛있는 것을 사드리고 싶은데요."
남자는 1년 만에 처음으로 만나자는 말을 꺼냅니다.
마음이 송곳처럼 뾰족할 대로 뾰족해져서 밖으로 드러났습니다.
"왜요?"
지난 1년 동안 내가 이 남자의 저울 위에 올려져 있었다니,
마음 같아서는 모진 소리라도 해주고 싶지만 참습니다.
어디까지나 심증만 있지 물증이 없으니.
만약 나에 대한 이 남자의 마음이 진정이라면,
이 남자는 1년 전에 만나자고 했어야 합니다.
하지만 남자는 내 전화번호도 알고,
그동안 여러 번 전화를 걸었으면서도
오늘에서야 처음으로 만나자고 했습니다.
그러니 저울질한 게 분명합니다.
나는 1년 전, 남자에게서 첫 전화가 걸려왔을 때
좀 더 단호하게 굴지 못했던 것을 후회합니다.
오늘 남자에게 보인 이 날카롭고도 매몰찬 행동을
좀 더 일찍 보여주었어야 했는데.
이것도 후회합니다.

오른쪽으로 가는 남자

나는 참 가난하게 자랐습니다.

가난이 싫어 공부만 했습니다.

덕분에 명문 대학을 졸업했고, 회계사도 되었습니다.

가난이 나를 회계사로 만들었습니다.

그러다 1년 전쯤, 직장 동료들과 어울리는 자리에서

우연히 한 여자를 만났습니다.

구김이 없고, 햇살처럼 밝은 여자였습니다.

그래서인지 마음이 자꾸 끌리는데

내가 초라하게 느껴졌습니다.

언뜻언뜻 들으니 여자는 가난과는 거리가 먼 듯했습니다.

'차라리 저 여자도 나와 비슷한 처지였다면……' 싶었습니다.

그런 내가 나도 못마땅했지만

저절로 드는 생각을 억지로 막을 수가 없었습니다.

다음 날,

그 여자를 바라보던 나의 시선이 특별했던 걸 알아차린 동료가

넌지시 여자의 연락처를 알려줬습니다.

여자에게 전화를 걸기까지 꼬박 열흘이 걸렸습니다.

그런데도 차마 만나달라는 말을 하지 못했습니다.

어쩌면 1년 후쯤에는 만나달라는 말을 할 용기가

생길지도 모릅니다.

그때쯤이면 중고차 한 대쯤 살 수 있는 능력과

자신감이 생기지 않을까?

그래서 한 달에 한 번 정도 여자의 음성을 듣는 것으로 만족하며

지난 1년을 보냈습니다.

그리고 1년이 지나자마자 중고차 한 대를 샀습니다.
그사이 여기저기 분위기 좋은 카페와 음식점도 알아두었습니다.
처음으로 옷도 신경 써서 골라 입었습니다.
심호흡을 하고 1년 전보다 더 큰 용기를 내어
여자에게 전화를 걸었습니다.
그런데 여자는 말할 수도 없이 냉랭했습니다.
"왜요? 1년 동안 생각해보니 만나도 손해 볼 것 같지 않던가요?
역시 직업은 속이지 못하는 거군요."
마음이 너무 쓰라립니다.
그 여자로 인해 마음을 애태우며 보냈던 지난 1년이
나를 너무 아프게 합니다.
모르겠습니다.
지금 내가 무엇을 후회해야 하는 것인지.

다시 셸리는 말했습니다.
"내가 왜 당신과 하나 되지 못할까?
보라. 산이 높은 하늘과 입 맞추고 파도가
서로 껴안는 것을.
햇빛은 대지를 끌어안고, 달빛은 바다에 입 맞춘다.
그러나 이 모든 달콤함이 무슨 소용인가.
그대가 내게 키스하지 않는다면."

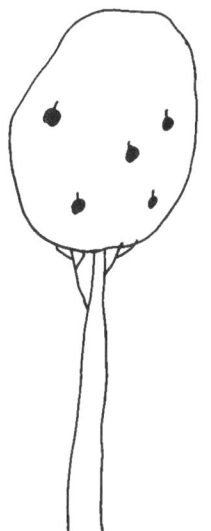

사랑은
어떻게 확인하지?

왼쪽으로 가는 여자

"너 나 좋아하지?" 남자가 묻습니다.
빈속에 커피를 열 잔쯤 마신 듯 현기증이 납니다.
무슨 말인지 알면서도 나는 그만 정색하고
"무슨 말이야?" 쏘아붙입니다.
얼마나 정색을 하고 말했는지
남자가 더 무안해합니다.
"아니면 말고." 시간을 1분만 뒤로 돌리고 싶습니다.
그럼 "어떻게 알았어?" 이렇게 말해줄 텐데.
아르바이트를 시작하고,
그곳에서 남자를 알게 된 지 보름도 채 되지 않았을 때부터
나는 남자를 마음에 두었습니다.
함께 일하는 동료들이 눈치 챌 정도로

남자 곁에서 서성였습니다.
남자를 보고 가슴 설레는 기분이 어떤 것인지를
처음으로 알게 해준 남자입니다.
사실 나는 이 일이 아닌 다른 아르바이트를 원했습니다.
그런데 내가 원한 아르바이트는 다른 친구가 하게 되고,
그 바람에 어쩔 수 없이 하게 되었습니다.
그러니까 이 일은 마음에 들지 않는 아르바이트입니다.
그런 아르바이트가 첫날부터 즐거웠습니다.
모두 그 남자 때문입니다.
날마다 그 남자가 다가오는 상상을 합니다.
날마다 그 남자와 데이트하는 꿈을 꿉니다.
그런데 왜 "너 나 좋아하지?" 묻는 남자에게
"무슨 말이야?"
정색을 하고 말았는지 모르겠습니다.
그런 나도 밉지만 나보다 그 남자가 더 밉습니다.
좋아하는 걸 눈치 챘다면 차라리 차를 한잔 마시자고 할 것이지,
아무 준비도 되어 있지 않은 사람에게 대뜸
"너 나 좋아하지?"라고 물으면 어떡하라고.
아니면 내가 그만 놀라서 "무슨 말이야?"
시치미를 좀 뗐다 하더라도
"나는 너를 좋아하는데 너는 아니야?" 한 번 더 기회를 주든가.
그 남자도 나도 둘 다 참 바보입니다.
남자의 눈빛에서 분명히 읽었습니다.
'나도 너 좋아해!' 하는 남자의 마음을.
그러면서도 우리는 대체 서로 무슨 말을 주고받은 것인지.

오른쪽으로 가는 남자

힘들고 지쳐서 일을 그만두고 싶을 때쯤
그 여자가 들어왔습니다.
"너 그만둔다면서 계속하는 이유가 저 여자 때문이지?"
동료들이 눈치 챌 정도로 여자 곁을 서성이며 지냈습니다.
하지만 여자는 내게 관심도 없어 보입니다.
우연을 가장해서라도 여자를 만나고 싶었습니다.
그러기 위해 얼마나 노력했는지 모릅니다.
일을 마칠 때마다 먼저 나가서
여자가 나올 때까지 기다려도 보고,
여자가 나오는 시간에 맞추어
아르바이트 장소 근처를 배회도 해보고.
그러나 그때마다 여자는 눈인사만 나누고 서둘러
걸음을 재촉했습니다.
그래서 나를 그다지 좋아하지 않는가 보다,
아니면 남자친구가 있는가 보다…… 생각했습니다.
그런 내가 딱해 보였는지 조금 전에 한 동료가 넌지시 일러줍니다.
"저 여자도 너를 마음에 두고 있는 것 같더라."
믿어지지는 않았지만 믿고 싶습니다.
그 바람에 쏜살같이 달려가서
"너 나 좋아하지?" 밑도 끝도 없이 묻고 말았습니다.
말을 하면서도 후회했습니다.
나도 이런 내가 당황스러워 정신이 하나도 없는데,
이런 내게 여자는 정색을 하며 무슨 말이냐고 쏘아붙입니다.
돌아서서 가는 여자를 붙들고,

지금 한 말이 진심이냐고 묻고 싶지만 용기가 나지 않습니다.
"아님 말고." 농담이었다는 듯 서둘러 마무리 짓고,
그 어색한 자리를 벗어나고 말았습니다.
참 하기 쉽지 않은 말을 할 수 있는 기회가 주어졌는데
그 기회를 생각 없이 써버렸습니다.
'나는 왜 이렇게 바보 같을까?'
이제 여자 곁을 서성일 수조차 없을 것 같습니다.
날 조금이라도 마음에 두고 있었다면,
그토록 싸늘하게 무슨 말이냐고 되묻지는 않았을 테니까.

예반이 말했습니다.
"사랑에 대하여 생각하고,
사랑에 대하여 이야기하고,
또 사랑을 꿈꾸기는 무척 쉬운 일입니다.
하지만 사랑을 깨닫기란 사랑을 하고 있는
그 순간에도 그리 쉬운 일이 아닙니다."

감지 능력

왼쪽으로 가는 여자

애인을 만나러 나가는 친구를 따라갔다가 한 남자를 만났습니다.
그 남자 역시 친구를 따라왔다 나를 만났습니다.
참 말이 없는 남자입니다.
원래 그런 남자인지,
침묵할 이유가 있어 입을 다물고 있는지 모르겠지만 불편했습니다.
눈치를 채고 친구의 애인이 나섰습니다.
"실은 집에 가겠다는 것을 억지로 끌고 왔거든요.
여자친구와 얼마 전에 헤어져서 요즘 통 말을 하지 않고 지냅니다.
이해하세요."
친구의 변명이 마음에 들지 않았는지
남자는 자리를 박차고 일어나 나가버렸습니다.
한 달 후쯤,
또다시 같은 일이 되풀이되었습니다.
친구의 애인이 흥분해서 말했습니다.
"아무래도 두 사람, 인연인 것 같으니 사귀어보는 게 어때?"
친구의 애인은 한 달 전에 자기 입으로 무슨 말을 했는지
까맣게 잊은 모양입니다.
분명히 여자친구와 얼마 전에 헤어진 남자라고
소개해놓고 말입니다.
이후로도 서너 번쯤 더, 같은 일이 반복되었습니다.
우연이 필연으로 보이기 시작합니다.
그러다 자연스레 우리 두 사람은 따로 만남을 가졌고,
가까워졌습니다.
그런데 가까워질수록 얼마 전에 헤어진 남자의 여자에 대해

알고 싶어집니다.
"왜 헤어졌어요?"
"그 여자가 헤어지자고 했어요."
"왜 붙잡지 않았나요?"
"붙잡아도 소용이 없었어요."
"다시 만나보지 그래요?"
"아마 다시는 만나주지 않을 겁니다."
속이 터집니다.
왜 헤어졌냐고 묻는데,
이 남자는 왜 그 여자가 먼저 헤어지자고 해서
하는 수 없이 이별했다고 말하는 건지.
심지어 왜 붙잡지 않았느냐고 묻는데
뇌가 없는 사람처럼 아무 생각 없이
붙잡아도 소용이 없었다고 대답하는지.
너무 솔직한 것도 탈입니다.
'당신을 만나려고 이별했나 봅니다.'
빈말이라도 왜 이렇게 말해주지 못하는지……
속이 미어터집니다.

> 오른쪽으로 가는 남자

사귀던 여자에게 일방적인 이별 통고를 받았습니다.
이유라도 가르쳐달라고 하자 여자는 비웃습니다.
"그러니까 우린 안 되는 거예요.
당신은 여자를 몰라도 너무 몰라요.
내가 왜 헤어지자고 하는지도 모르잖아요."
답답한 마음에 요즘 한창 연애 중인 친구에게 물어봅니다.
"나보다 내 여자친구한테 물어보는 게 낫지 않을까?
여자 마음은 여자가 더 잘 알지 않겠어?"
그리 썩 내키지는 않았지만 친구를 따라 나갑니다.
가뜩이나 내키지 않은 자리인데
친구의 애인이 자기 친구를 데리고 나왔습니다.
그 서먹한 자리에서 친구 녀석이 내 헤어진 여자 이야기를 합니다.
내키지 않을 땐 따라나서지 말았어야 합니다.
심사가 뒤틀려 인사도 안 하고 나와버렸습니다.
그런데 무슨 인연인지 친구만 따라 나가면
그 자리에 꼭 그 여자가 있습니다.
우연치고는 묘한 인연입니다.

웃는 모습이 참 예쁜 여자입니다.

우연을 필연으로 받아들이고 싶어집니다.

덕분에 이별의 상처는 덧나지 않고 잘 아물었습니다.

'정말 이 여자를 만나려고 그 여자와 헤어진 건 아닐까?'

싶기도 하고.

하지만 가까워질수록 헤어진 여자의 존재가

우리 둘 사이를 방해합니다.

여자가 헤어진 여자에 관해서 자꾸 묻습니다.

실연의 상처를 말끔히 씻어준 사람이 자기인 줄도 모르고

여자는 묻고 또 묻습니다.

"왜 헤어졌어요?"

"왜 붙잡지 않았어요?"

매리앤 제이 리카토가 말했습니다.
"남자는 여자가 입술을 뾰로통하게 내밀고 있거나,
대답하지 않거나, 울거나, 방문을 거칠게 닫고
나가면서 남자로부터 어떤 반응을 기대한다는 것을
알아채지 못한다.
그래서 여자는 남자의 부족한 '감지' 능력에
숱한 좌절감을 맛보아야 한다."

사랑…… 그 쓸쓸함

왼쪽으로 가는 여자

"너희 두 사람, 권태기니?"
내가 영화를 보러 가자고 하자,
단짝 친구가 대뜸 '권태기'라는 말을 꺼냅니다.
다른 사람을 통해 나를 보게 될 때가 있습니다.
그럴지도 모릅니다. 아니, 그 말이 맞습니다.
"사랑하는 남자를 버젓이 놔두고
왜 나랑 영화를 보자고 하는 거야?"
친구가 살짝 비꼬며 말하는데,
얄밉지가 않고 오히려 고맙습니다.
"우리 걸을까?"
가슴이 이유 없이 답답합니다. 친구는 기꺼이 나를 따릅니다.
"네가 그 남자랑 사귀고 나서부터 나는 혼자 있는 시간이 많아졌지.

그렇지만 오늘처럼 네가 나를 만나고 싶어하는 날이면
혹시 사랑하는 마음이 다친 것은 아닌지 걱정이 돼."
여기서 '아니야!' 하며 고개를 설레설레 흔들어야 하는데
나는 잠자코 걷기만 합니다.
사랑하게 되면,
그래서 하나가 아닌 둘이면 더 이상 외롭지 않고,
쓸쓸하지 않을 줄 알았습니다.
그러나 또 다른 외로움과 쓸쓸함이 있습니다.
내가 아닌 다른 사람,
그 사람을 온전히 내 것으로 만들 수 없다는 것.
내가 이렇게 쓸쓸해하는 줄도 모르고,
그 남자는 지금 열심히 일상을 살고 있을 겁니다.
"아마 그 남자도 가끔,
지금 네가 하고 있는 생각을 똑같이 할 때가 있을 거야.
어차피 넌 그 남자가 될 수 없고, 그 남자
또한 네가 될 수는 없는 거니까."
친구의 말을 들은 것일까?
남자에게서 문자 메시지가 옵니다.
'지금 뭐 해?'
차마 영화를 봤다는 말을 하지 못하고,
그냥 친구와 함께 있다고 합니다.
이런 생각이 듭니다.
그 누구보다 먼저 그 남자 마음을 헤아리는 것을 보면
아직은 그 남자를 사랑하는 거라고.
그러니 내 사랑을 더는 의심하지 말자고.

오른쪽으로 가는 남자

마음이 맞지 않아 불편한 관계를 유지하는 윗사람이
비위를 건드립니다.
순간, 여자의 얼굴이 떠오릅니다.
내 마음을 알아주는 사람,
내가 전부인 여자, 그녀가 필요한 순간입니다.
바빠서 며칠째 연락도 하지 못하고 지냅니다.
'지금 어디서 무얼 하고 있을까?'
문자 메시지를 보냅니다.
'지금 뭐 해?'
친구를 만나고 있다고 합니다.
문자 메시지보다 직접 전화를 해줬더라면 더 반가울 텐데.
조금 서운합니다.
하지만 곁에 친구가 있어서
여자도 전화 걸고 싶은 마음을 누르고
문자 메시지를 보낸 거라고, 억지로 이해를 해봅니다.
그래도 이럴 땐 전화를 걸어서
특유의 그 밝고 명랑한 목소리를 들려주면 좋겠습니다.
차라리 네가 걸면 되지 않느냐고, 나를 타박합니다.
그런데 이럴 때가 있습니다.
내가 먼저 굳이 말하지 않아도 상대가 먼저 알아주기를 바랄 때.
내겐 지금이 꼭 그렇습니다.
'친구와 같이 있어요.'
달랑 이 말만 들려주고 조용해진 휴대전화를 맥없이 들여다보다가
사무실 창밖으로 고개를 돌립니다.

허전하고 쓸쓸합니다.
'나도 이 여자를 쓸쓸하게 만들 때가 있었겠지? 또 있겠지……'
입장을 바꾸어봅니다.
가슴이 아픕니다.
그런데 내 가슴이 아픈 것보다
여자의 가슴을 아프게 했을지도 모른다는 생각에
더 가슴이 미어터집니다.
나를 서운하게 해도,
나를 쓸쓸하고 허전하게 해도
나는 여전히 그 여자를 사랑합니다.
내 생각이 틀림없습니다.

데이비드 허버트 로렌스가 말했습니다.
"남녀 간의 사랑이야말로
이 세상에서 가장 위대하고 완벽한 정열이다.
남녀 간의 사랑은 이원적이고 상반적인
양성의 사람이 만나 이루는 것이기 때문이다.
남녀 간의 사랑은 수축과 이완을 거듭하는
생명의 고동이다."

스며들다

너를 위해서 살아

왼쪽으로 가는 여자

"그 남자, 어디가 그렇게 좋으니?"
윽박지르듯 묻는 친구. 딱히 생각나지 않습니다.
"네가 그 남자를 사랑하는 건
짚더미를 메고 불구덩이로 뛰어드는 것과 같아."
친구의 뼈아픈 충고가 이어집니다.
미래가 불확실한 사람.
가난하고, 능력도 없고, 잘 살아야겠다는
악착같은 의지도 없는 남자. 맞습니다.
친구의 말은 구구절절 옳습니다.
그래도 그 남자를 잘라낼 수가 없습니다.
"정말 알다가도 모르겠다."
친구가 긴 한숨을 내쉽니다.
할 말 없는 난 그저 고개만 끄덕입니다.
사실 나도 내가 왜 그 남자를 사랑하는지 잘 모릅니다.
가난해도 당당하고 구김살 없는 남자가 난 좋다고.
내 이상형은 바로 그런 남자라고 늘 이야기는 하였지만,
막상 현실로 다가오니 겁도 나고 두렵기도 합니다.
"너도 두렵고 겁나지? 그러니까 왜 그런 사랑을 하느냐 말이야."
기다렸다는 듯이 친구가 틈새를 공략합니다.
아니…… 두렵고 불안한 건 친구가 생각하는 것 같은,
그런 이유 때문이 아닙니다.
그 남자에 대한 내 사랑이 변하면 어쩌나.
나에 대한 그 남자의 마음이 변하면 어쩌나.
내가 두렵고 불안한 것은 바로 이것입니다.

오른쪽으로 가는 남자

늦가을 날에 나뭇잎 하나가 툭 떨어지듯이
예기치 않았던 사랑이 찾아왔습니다.
그냥 모른 척 무시하고 지나칠 것을.
후회됩니다.
"너하고는 어울리지 않는 여자야."
친구의 말이 맞습니다.
그런데도 나는 서운합니다.
"사랑에 무슨 조건이 필요하냐? 서로 좋아하면 그뿐이지."
내심 이런 말이 듣고 싶었나 봅니다.
사실 나도 이런 날이 올 줄은,
이런 후회를 하게 될 날이 올 줄은 몰랐습니다.
살다가 어느 날,
우연히 한 여자를 만났는데
그 여자가 지금까지 살아온 나의 삶을
후회하도록 만들 줄은 나도 몰랐습니다.
왜 그렇게 생각 없이 살아왔을까.
나 자신이 미워 죽을 지경입니다.
그렇다고 이제부터라도 다르게 살아보겠다고
말할 용기도 내겐 없습니다.
여자의 마음만 변치 않는다면,
지금부터라도 무엇이든 열심히 할 수 있을 것 같은데……
세상에 태어나 처음으로 사는 것처럼 살아보려고
애쓸 것 같은데……
자신이 없습니다.

레프 니콜라예비치 톨스토이가 말했습니다.
"사랑은 자기 자신보다
타인의 행복을 위해 발휘되는 것이다.
인생의 모든은 사랑으로만 해결되고
또 해결될 수 있다.
사랑은 나 자신을 위해서는 약하나,
남을 위해서는 강하다."

줄다리기

왼쪽으로 가는 여자

"무슨 생각을 그렇게 골똘히 해?"
나는 얼른 마음에 보자기를 씌웁니다.
"뭐…… 그냥."
눈치 빠른 친구는 얼른 입을 다뭅니다.
그래서 난 이 친구가 좋습니다.
실은 남자 생각을 하고 있었습니다.
아니, 그보다는 사랑에 대해 생각하고 있습니다.
'이래서 다시는 사랑이란 걸 하고 싶지 않았는데…….'
꼬박 하루가 지나고 또 반나절이 지났는데도
남자에게서는 아직 연락이 없습니다.
충분히 있을 수 있는 일. 하지만 마음은 가시밭입니다.
불과 얼마 전까지만 해도 시도 때도 없이 연락해오던 남자.
그 정성과 열정에 그만,
 '다시는 사랑이란 걸 하지 말아야지'

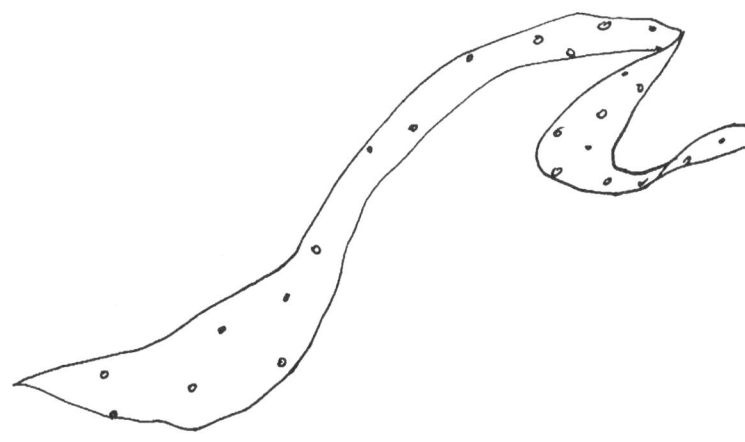

했던 마음이 바뀌었는데…….
그래서 좋았던 시간은 잠깐,
또다시 누군가를 사랑하는 끔찍한 시간들이 시작된 것 같습니다.
대체 왜 하루 반나절 동안 전화가 없는 걸까.
물론 전화를 걸어 물어보면 될 일이지만
이미 사랑을 시작한 내겐 그 쉬운 일이 어렵기만 합니다.
마음이 지옥입니다.
남자에게 나보다 더 중요한 일이 있을 수도 있고,
가끔은 나라는 존재를 잊을 수도 있고,
내가 모르는 사정이 있을 수도 있음을
모르는 바 아니지만
휴대전화에서 자유로울 수가 없습니다.
그게 지겨워서 난 또 내 탓을 합니다.
내가 왜 지긋지긋한 사랑을 또 시작했을까?

오른쪽으로 가는 남자

"내 생각에는 아무래도 너 혼자 짝사랑하는 것 같다."
한 여자에게 정신없이 빠져드는 내게 친구가 던진 한마디.
마음에 빨간 신호등이 켜집니다.
그랬습니다. 처음에는 짝사랑이었습니다.
여자에게 사귀는 사람이 있는 것 같아서
한동안 혼자 좋아했습니다.
그러다 여자가 혼자되었음을 알게 된 순간,
난 한걸음에 달려갔습니다.
나를 좋아할까, 싫어할까.
생각도 해보지 않았습니다.
'내가 누군가를 좋아하는데 그 마음을 떳떳하게 알릴 수 있다.'
이것만으로도 기쁘고 흡족했으니까.
이후 여자가 나를 보아줄 때까지……
시도 때도 없이 전화하고, 틈만 나면 달려가고,

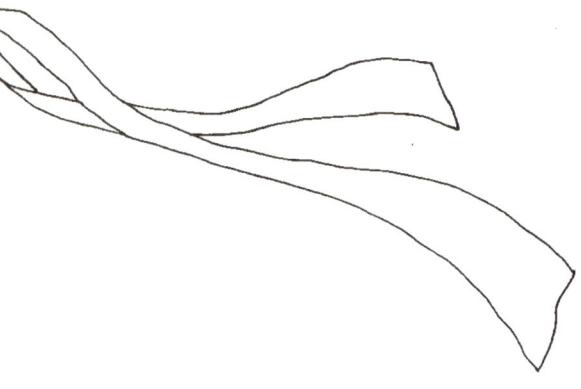

짬만 나면 '그 여자가 좋아할 만한 것들'만 생각하고.
그러다 여자에게서 푸른 신호등을 보았습니다.
이젠 나를 보며 웃고,
내가 무슨 얘기를 하는지 눈을 맞추며 골똘히 듣습니다.
그래서 기쁘고 행복한데, 정말 행복한데……
친구가 무심코 던진 한마디에
그만 내 행복이 2만분의 1로 축소한 지도처럼 쪼그라듭니다.
그러고 보니 여자가 먼저 나를 찾은 적은
한 번도 없는 것 같습니다.
그래서 어제도 오늘도
나는 여자에게 전화를 걸고 싶은 걸 꾹 참으며 기다립니다.
행여 먼저 찾아주지 않을까.
나는 지금 여자에게 먼저 전화 걸 기회를 주고 있는 중입니다.

폴 부르제가 말했습니다.
"사랑으로 행복해지는 유일한 길이 있다.
그것은 아무도 사랑하지 않는 것이다."

구애의 시점

왼쪽으로 가는 여자

"어제 그 남자가 사랑 고백을 했어!"
"그래? 그런데 표정이 왜 그래? 너도 그 남자가 좋다면서?"
"이제 겨우 열 번쯤 만났는데 사랑한다고 고백하는 거,
너무 빠르지 않니?"
친구가 소리를 지릅니다.
"너 지난번에 만났던 남자하고
왜 헤어졌는지 벌써 잊었어?
만난 지 백 일이 지났는데도 좋다, 사랑한다,
그 말 한마디 안 한다고 고민하다
헤어졌잖아! 그런데 이번엔 또 너무 빠르다고?
넌 대체 그 시기가 왜 그렇게 중요한 건데?"
"그런가?"
납득은 되지만 개운하게 이해되는 건 아닙니다.
사랑한다는 말을 너무 쉽게 하고, 빠르게 한다는 건
그만큼 여자를 많이 사귀어봤기에
나올 수 있는 행동이 아닐까.
친구가 이번엔 눈을 흘깁니다.
"그 남자가 좋기는 좋은가 보다. 그렇다면 그냥 좋아해라.
좋아하는데 왜 그 사람 마음을 의심하니?
그러다 그 남자가 지금까지 딱 열 번 만나고 사랑을
고백한 여자가 너뿐이면 어쩔 거야?"

오른쪽으로 가는 남자

"무슨 좋은 일 있어? 요즘 볼 때마다 싱글벙글하네?"
오늘만 이 말을 한 대여섯 번쯤은 들었을 겁니다.
그때마다,
'여자친구가 생겼는데 그 여자가 너무 맘에 듭니다!'
이 말이 너무 하고 싶어 가슴이 벌렁벌렁합니다.
그나마 친구 녀석이 내 마음을 알아줍니다.
"너 그 여자가 진짜 좋은가 보다!"
"응!"
기다렸다는 듯 튀어나오는 대답에 나도 놀랍니다.
"너 이러는 모습 처음 보는 것 같다!"
"네가 보기에도 그렇지?"
내가 그 여자를 좋아하기는 참 많이 좋아하나 봅니다.
실은 어제 그만 나도 모르게
그녀에게 사랑한다고 고백하고 말았습니다.
좀 더 멋지고 근사하게 해야 하는데
참을성 없이 말해버렸습니다.
너무 성급했던 건 아닐까?
후회도 했습니다.
나를 너무 가벼운 남자로 보면 어떡하나,
몇 번 만나지도 않은 여자에게 쉽게 사랑한다고 하는
마음 헤픈 남자로 오해하면 어쩌나.
은근히 마음은 쓰이지만
고백하기를 잘했습니다.
그 때문인지 오늘은 어제보다 확실히 '연인'으로 그리우니까.

니티히가 말했습니다.
"구애하기를 두려워하는 자는
퇴짜 맞을 준비를
하고 있는 자다."

끝이 보이는 길

왼쪽으로 가는 여자

"너 그러다 상처받으면 어쩌려고 그래?"
친구의 말 한마디 한마디에 조심스러움이 묻어나옵니다.
이 말을 하기 위해 친구는 몇 번을 망설이며 고민했을까?
그 마음 씀씀이가 고맙습니다.
지금 친구가 걱정하는 것은
'사랑하는 두 남녀의 차이 나는 처지' 입니다.
나는 모 대학 근처에 있는 사무실로 출근하는 직장인.
그 남자는 사무실 옆 대학에 다니고 있는 대학생.
남자는 나를 같은 대학에 다니는 학생으로 착각했습니다.
남자는,
늘 비슷한 시각에
같은 지하철역에서 내리는 나를 눈여겨보다가,
어느 날 자신의 마음을 고백했습니다.
참 호감 가는 인상의 남자.
그러나 난 냉랭하게 말할 수밖에 없습니다.

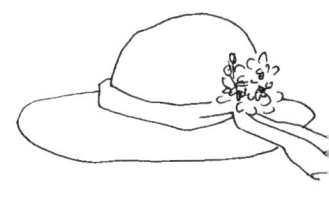

"전 당신 같은 대학생이 아니에요. 직장에 다녀요."
이러면 내 앞에서 지금 나와 사귀고 싶다고 말하는 남자가
불길 속에 던져진 종이처럼 순식간에 사그라질 줄 알았습니다.
그런데 이 남자, 너무 멀쩡합니다.
나는 못 알아들은 줄 알고 한 번 더 말합니다.
그래도 멀쩡합니다.
남자의 순수함에 그만 내가 무너지고 맙니다.
우리의 사랑을 바라보는 친구들의 시선이 곱지 않습니다.
"너 어쩌려고 그래?"
"그 사랑이 오래갈 것 같아?"
"그러다 너만 상처받는다고, 이 바보야!"
남자를 사랑하는 일이
상처받을 일이고 손해나는 일이라고 합니다.
그렇다면 나는 기꺼이 상처를 받겠습니다, 손해를 보겠습니다.

오른쪽으로 가는 남자

늘 버스를 타고 학교에 갑니다.
그러던 어느 날, 이상하게 지하철을 타고 가고 싶어서 탔다가
한 여자를 보았습니다.
다음 날은 습관대로 버스를 타고 학교에 갔습니다.
그렇게 한 달이 지났는데
불현듯 그 여자가 눈에 아른거렸습니다.
다음 날부터 지하철을 타고 학교에 갔습니다.
일주일쯤 허탕치고 나서야 그 여자를 보았습니다.
이제 그 여자가 역에 몇 시쯤 도착하고,
몇 번 출구로 나가는지 알았습니다.
그렇게 나 혼자 여자를 만나다가,
용기를 내어 마음을 전했습니다.
여자는 얼음장처럼 차가운 얼굴로 싸늘하게 말했습니다.
'전 당신 같은 대학생이 아니에요. 직장에 다녀요.'
어렴풋이 짐작은 했습니다.
처음에는 같은 학교에 다니는 학생인 줄 알았는데
여자는 볼 때마다 7번 출구로 나갔습니다.
우리 학교 학생이면 3번 출구로 나가야 합니다.
그래서 여자 나이가 궁금하기는 했습니다.
남자와 여자가 만나는데
학생과 직장인이 무슨 상관인지는 모르겠지만
여자는 상관이 많다고 생각하는 것 같습니다.
글쎄.
그럴 수도 있을 것 같습니다.

내 주변에도 여자와 같은 생각을 하는 사람들이 많은 걸 보면.
"끝이 보이는 길을 왜 가려고 하니?" 하는 친구도 있습니다.
그들이 이야기하는 대로 내가 비현실적이고
지나치게 낭만적인 사람인지는 모르겠으나
내게는 이 길이 결코 끝이 보이는 길은 아닙니다.
길을 바라보는 사람이 다릅니다.
누군가에게는 끝이 보이는 길도
다른 누군가에게는 끝이 없는 길로 보일 수 있습니다.

레프 니콜라예비치 톨스토이가 말했습니다.
"진정한 사랑이란
개인적인 복지를 포기한 결과다."

사랑은 복잡해

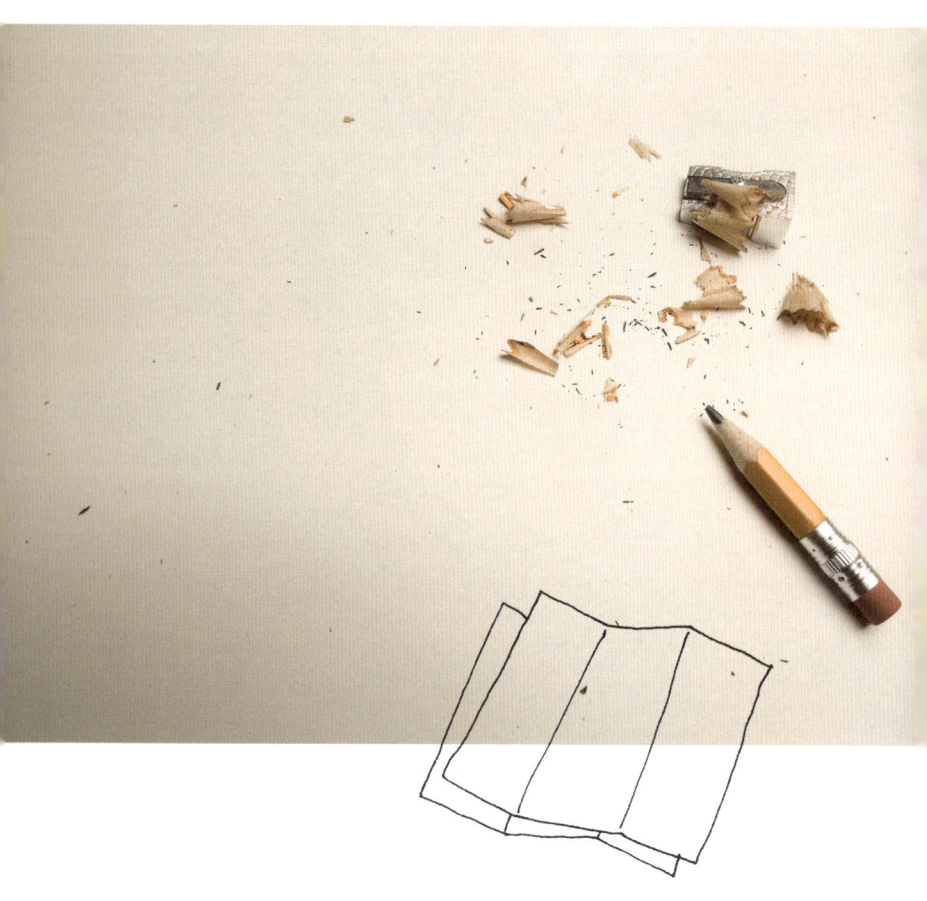

왼쪽으로 가는 여자

나와 어깨를 나란히 하고 걷던 남자가
거리에서 어떤 여자와 마주치고는 깜짝 놀랍니다.
'어떤 여자'도 놀라는 눈치입니다.
"둘이 아는 사이야?"
"어!"
이상하게 마음이 찝찝합니다.
분명히 뭔가가 있어 보입니다.
참고 망설이다가 물어봅니다.
두 사람은 고등학교 동창이었습니다.
"혹시 두 사람, 고등학교 때 사귄 거 아니야?"
소스라치게 놀라며 아니라고 잡아떼야야 하는데
남자는 담담히 고개만 흔듭니다. 착잡해하는 남자.
남자의 착잡함에 무너지는 나. 애써 태연한 척합니다.
'고등학교 시절의 일이 아닌가.'
'여하튼 그는 지금 나와 만나고 있지 않은가.'
'내게도 남자를 만나기 전에 사귀던 남자가 있지 않은가.'
평정을 잃지 않으려는 마음이 꼭 시소 같습니다.
나는 끝까지 내색하지 않았습니다.
'두 사람이 사귄 게 아니라면 표정이 왜 그렇게 착잡한 거지?
그냥 솔직히 이야기해주는 게 지금 만나는 사람에 대한
예의 아닌가?'
눈덩이처럼 부푸는 이 유치한 질투심을 들키기 싫어
겨우 찾아낸 말이 이 말이었습니다.
"당신…… 혹시 내게 해줄 말 없어요?"

오른쪽으로 가는 남자

여자와 영화를 보러 가다가 고등학교 동창을 만났습니다.
동창이기는 하지만 첫사랑입니다.
고등학교 입학식 때,
잠시 정신을 잃은 적이 있습니다.
조금 전 만난 그 여자 때문입니다.
얼굴이 하얗고 가녀린 몸매에
힘이 하나도 없어 보이는 여학생을 보는 순간,
정신이 몽롱해졌습니다.
그 여학생 때문에 고등학교 1학년 내내 심장이 두 배로 뛰었습니다.
그 여자는 자기 곁에 그런 남학생이 있다는 것조차
눈치 채지 못했습니다.
더더군다나 그 아이를 좋아하는 남학생이 많았습니다.
나는 끝내 그런 내 마음을 보여주지 못했고,
하얀 얼굴에 몹시 가녀린 여자에게는
그림자처럼 따라다니던 남학생이 생겼습니다.
참으로 풋풋했던 시절이 아닐 수 없습니다.
그 첫사랑을 조금 전 우연히 만난 겁니다.
지금 내 곁에 있는 여자에게 오해를 사기 싫어 거짓말을 합니다.
여자의 오해를 사는 게 싫을 만큼 나는 이 여자를 사랑합니다.
힘을 주어 여자의 손을 꽉 잡습니다.
그런데 여자들의 육감은 정말 대단합니다.
여자가 이렇게 묻습니다.
"당신…… 혹시 내게 해줄 말 없어요?"

윌리엄 셰익스피어가 말했습니다.
"어떤 명언이나 역사를 들여다보더라도
진실한 사랑이란
결코 순조롭게 진행되어 끝난 예가 없다."

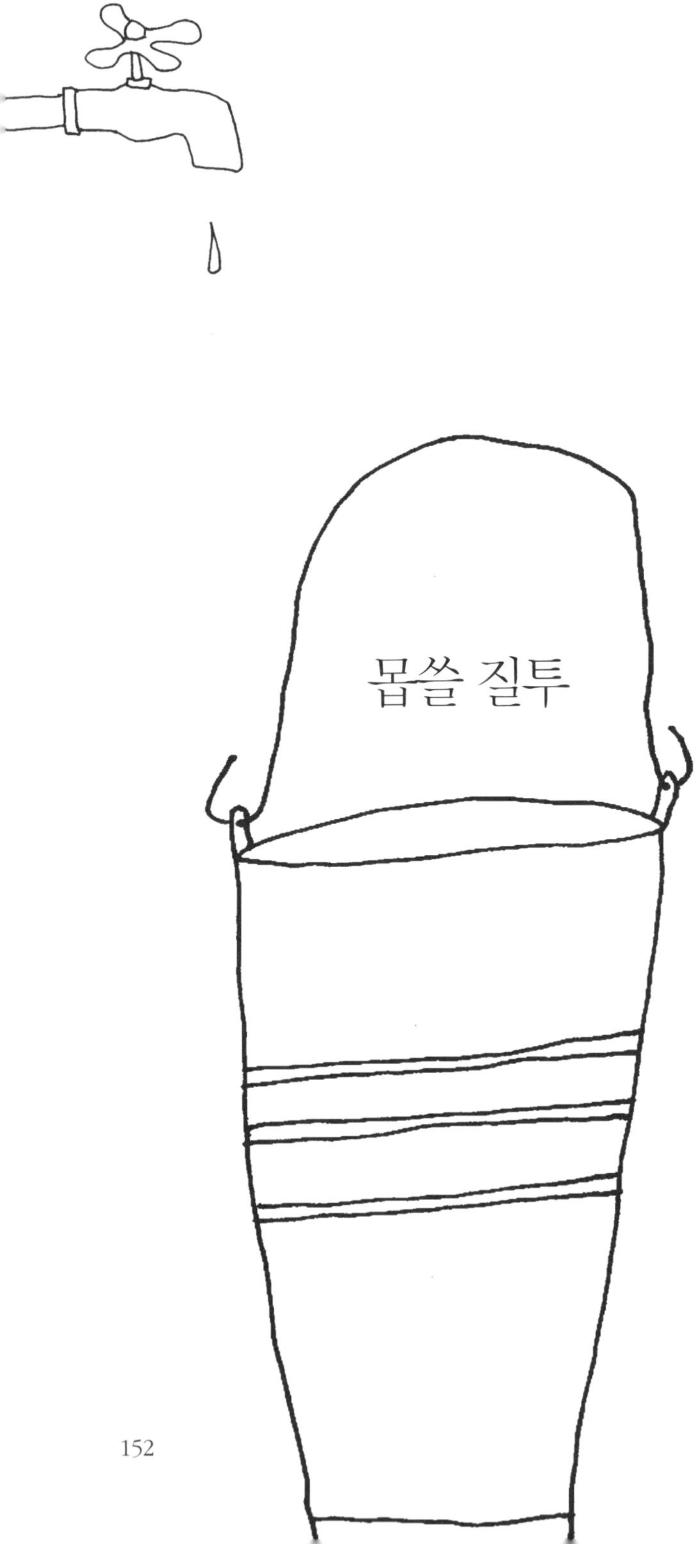

몹쓸 질투

왼쪽으로 가는 여자

세상에! 다리에 힘이 풀립니다.
주저앉고 싶은 걸 간신히 참고 버팁니다.
정면으로 마주친 남자와 그 곁의 앳된 여자. 상상도 못했습니다.
남자는 어제 분명히 이렇게 말했습니다.
내일은 집에서 할 일이 있다고.
그랬던 남자가 지금 극장에 있습니다. 그것도 여자랑 같이.
이럴 때는 어떻게 해야 하나. 속이 메슥거립니다.
친구가 걱정되는지 힘주어 팔짱을 낍니다.
처음에는 당황한 기색이라도 있더니 남자는 아주 뻔뻔했습니다.
"인사해. 내 동생이야."
어머머. 이 남자 대학교 1학년입니다.
재수를 해서 한 살이 더 많다고 해도,
그래서 연년생이라고 쳐도, 옆에 서 있는 여자는
이제 막 대학교에 입학한 여학생처럼은 안 보입니다.
거짓말까지!
태연하려고 했지만 실패하고 맙니다.
"누가 동생 아니라고 했어요?"
그만 쏘아붙이고 말았습니다.
대체 내가 누굴 좋아한 건지!
대체 내가 어떤 남자를 사랑한 건지! 내가 바보입니다.
그때 남자의 앳된 여자가 웃으며 말했습니다.
"정말 오빠예요, 이종사촌 오빠.
제가 어렸을 때 외국으로 이민을 가서 조금 성숙해 보이나 봐요.
음, 언니. 지금 오해하고 계신 건 맞죠?"

오른쪽으로 가는 남자

외국에 살고 있는 이종사촌 동생이 잠시 귀국했습니다.
"데이트만 하지 말고 동생 좀 챙겨라."
그래서 하루 날을 잡아
영화를 본 후 시티버스를 타고 서울을 돌아보기로 했습니다.
그녀도 부를까? 고민하다 그만둡니다.
부담스러울 겁니다, 내 가족과의 만남이.
그래서 영화관에서 정면으로 부딪쳤을 때
얼마나 반가웠는지 모릅니다.
거기다 오늘 하루 따로 떨어져 지내기로 했는데
결국에는 같은 장소에 있었다? 꼭 운명의 여자 같습니다.
그러다 아차! 싶었습니다.
지금 이 상황은 오해의 소지가 충분합니다.
만났다고 좋아할 상황이 아닙니다.
"지금 오해하고 계신 거 맞죠?"
동생이 묻는데 정신이 번쩍 듭니다.
하지만 생각해보면 꼭 기분 나쁠 일만은 아닙니다.
그러니까 조금 전 여자는 질투를 한 것입니다.
질투란 사랑의 또 다른 말.
사랑에는 질투가 따르고 질투에는 사랑이 따릅니다.
그런데 동생은 또 어떻게 눈치 채고
자기가 나이에 비해 조금 성숙해 보이는 거라고 말할 수 있었을까?
암튼 동생이든 연인이든 어머님이든
여자들의 직감은 대단합니다.
가끔 오해를 진실로 오해하고 소설을 쓰는 게 탈이지만.

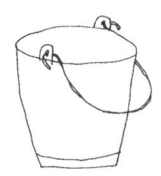

폴 부르제가 말했습니다.
"진심으로 사랑하는 마음 안에서는
질투가 애정을 죽이거나
애정이 질투를 죽이게 된다."

즐거운 고통

> **왼쪽으로 가는 여자**

오늘은 야근.

동료들과 분식집에서 배달시켜 저녁을 먹기로 합니다.

주문한 식사가 오고 막 먹기 시작하는데 남자에게 전화가 옵니다.

"회사 앞에 와 있다고? 안 돼. 나 오늘 야근해야 해."

선배가 '얼른 가!' 손사래를 칩니다.

"잠깐만. 내가 다시 전화할게."

일단 전화를 끊습니다.

얼른 가라고 손사래를 친 선배.

"네가 빠지면 우리가 힘들기야 하겠지만

그래도 남자가 회사 앞에까지 와서 기다리고 있다는데

우리가 후배 앞길을 막을 수 있나!

가서 전해라! 우리가 낭만적인 남자라서 봐주는 거라구!"

그런데,

좋아하는 여자가 갑자기 너무 보고 싶어서
연락도 없이 여자가 근무하는 회사 앞으로
무턱대고 쳐들어온 이 낭만적인 남자는……
나를 보자마자
탁자 위의 물을 벌컥벌컥 들이마시더니 시원스레 내뱉습니다.
"2호선을 타야 하는데, 그만 잘못 갈아타서 3호선을 탔잖아.
그래서 여기서 내렸지.
이왕 이렇게 된 거 밥이나 먹고 가려고 말이야. 나 잘했지?
근데 오늘따라 배는 또 왜 그렇게 고픈지 모르겠네!"
"카페를 나가자마자 오른쪽으로 돌아가면
네가 좋아하는 순댓국집이 있어.
거기 가서 혼자 실컷 먹고 가라고!
난, 오늘 야근을 해야 해서 이만 실례!"

오른쪽으로 가는 남자

누가 쫓아오기라도 하나?
순댓국을 먹고 싶다고도 안 했는데
순댓국 먹고 가라고 하더니
여자는 다시 회사로 휑하니 들어가버립니다.
분명 내가 뭔가 실수를 했습니다.
뭘까.
대체 내가 뭘 또 잘못해서
저 여자로 하여금 저토록 냉랭해져서
도로 회사로 들어가게 만든 것일까?
거기다 아까 틀림없이 들었습니다.
"무슨 소리야? 자기는 지금 야근보다
데이트가 중요한 사람이잖아!"
동료들이 외치는 소리를.
그러니까 대체 뭣 때문이냐고?
퍼뜩,
2호선을 타야 하는데 3호선을 타는 바람에
이곳까지 오게 되었다는 말이 뇌리에 스칩니다.
아뿔싸!
비위를 거스른 이유를 찾았습니다.
나는 바람처럼 달려나가
일식집에서 초밥을 포장합니다.
'이것으로 풀릴까?'
초조합니다.
근데 여자들은 참 이상합니다.

그런 게 왜 그렇게 비위를 거스르는지 알다가도 모르겠습니다.
걸어서 왔든, 굴러서 왔든
만나는 것은 똑같은데 말입니다.
암튼 난 너무 솔직한 게 탈입니다.
그럼 그냥 꾸밈이 없어 사랑스럽다고 좋게 봐줄 일이지…….
어느새 회사 앞.
다시 초조합니다.
혹시 전화도 안 받는 거 아닐까?
휴대전화를 꺼내는데 맞은편에 꽃집이 보입니다.
'꽃도 사갈까?'

캘포 완도 에머슨이 말했습니다.
"너는 나에게 있어 즐거운 고통이다."

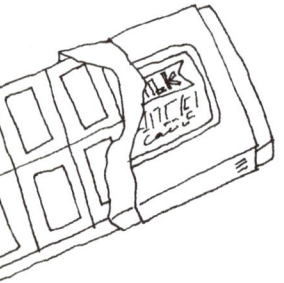

내가 너를,
네가 나를
사랑하는 이유

왼쪽으로 가는 여자

혹시 확인 못하고 놓친 문자 메시지는 없나?
확인하다 소스라치게 놀랍니다.
세 개만 제외하고 나머지는 모두 남자가 보낸 메시지들입니다.
'전체 통화량'을 보니 그 또한 거의 대부분이 남자입니다.
단단히 빠졌다고, 친구가 퉁을 주던 기억이 납니다.
이제 겨우 한 달 만났는데
휴대전화에 온통 그 남자뿐이다?
밥 먹고, 잠자고, 일하는 시간을 제외하고는 남자를 만났다?
'너! 너무하는 거 아니니?'
스스로 마음에 경고등을 켭니다.

그렇다고 지금 남자에 대해서
아는 게 많은 것도 아닙니다.
이름, 직업, 어느 대학을 졸업했나,
어떤 영화를 좋아하고, 취미가 무엇인가?
이 정도뿐입니다.
서른세 살의 남자가 그동안 어떻게 살아왔는지,
사랑했던 여자는 있었는지,
그 여자와는 왜 헤어졌는지……에 대해서는
아는 게 하나도 없습니다.
혹시 이 남자, 대단한 바람둥이 아닐까?
남자에게 푹 빠져 지낸 한 달이 내 마음을 살짝 상하게 합니다.
음……
한 달 동안 여자에게 단 한 번도
불만을 느끼게 하지 않았다는 것은
여자의 심리에 대해 대단히 무척 잘 아는 남자입니다.
사랑도 많이 해보고, 알고 지내는 여자가 많을지도 모릅니다.
그렇다면 나는 지금 남자가 던진 밑밥을 덥석 문 셈입니다.
이렇게 한심스러울 수가.
마침 남자에게 문자 메시지가 왔습니다.
때가 참 안 좋습니다. 나는 바로 외면합니다.
남자를 만나고 처음 있는 일입니다.

오른쪽으로 가는 남자

한 달 전.
"이제 너 누굴 만나도 될 것 같다!"
동아리 선배가 여자를 소개해주었습니다.
내겐 딱 한 번, 사랑의 상처가 있습니다.
대학 4년을 같이했던 여자.
여자는 졸업과 동시에 다른 남자에게 갔습니다.
동갑내기라 군 입대도 졸업 후로 미루고 만났는데
여자는 아주 쉽게 떠났습니다.
"이제 난 너를 사랑하지 않는다……."
짤막한 말 한마디 던지고 참 간단하게.
이후로 그 어떤 여자도 쳐다보지 않고 지냈습니다.
여자라고 하면 일단 믿음이 가질 않습니다.
이런 내가 안타까운지 선배는
가끔 술을 사주며 위로합니다.
"세상의 모든 여자가 그 여자 같지는 않아."
내 사랑의 상처가 아무는 동안 함께해준 선배였기에
썩 내키지 않은 만남이었지만 여자를 만났습니다.
사람으로 인한 상처는
사람으로 다스려야 한다는 말은 옳았습니다.
여자를 만나는 시간보다
만났다 헤어지고 혼자 집으로
돌아오는 길이 덜 행복합니다.
허전합니다.
'혹시 이 여자도 나를 끊임없이 저울질하다가

어느 날 홀연히 떠나는 것은 아닐까?'
아직도 가끔은 여자에 대한 불신의 병이 도지지만
저울질 당할 때 당하더라도
다시 사랑이란 걸 해보고 싶습니다.
오늘은 만나서 이런 내 이야기를 꼭 좀 해야겠습니다.

로맹 롤랑이 말했습니다.
"사랑하니까 사랑하는 것이다.
대단한 이유는 없다."

말로 말을 이긴다는 것

왼쪽으로 가는 여자

데이트를 하다가 우연히 만난 친구. 밤에 전화를 했습니다.
"낮에 본 남자, 실은 내가 아는 사람이야.
그리고 너도 아는 남자야. 전에 K가 사귄 남자인데
너 모르고 있는 것 같더라. 망설이다 전화했어.
아무래도 알고 만나는 게 좋을 것 같아서."
전화를 끊는데 손이 부들부들 떨립니다.
온몸이 꼭 진동으로 돌려놓은 휴대전화 같습니다.
지금 내가 만나는 남자가
K가 사귀던 남자라는 사실 때문만은 아닙니다.
내가 K의 친구라는 것을 알면서도 말하지 않은 남자 때문입니다.
'왜? 왜 말하지 않았을까?'
마음을 가라앉히고 내가 남자의 입장이 되어봅니다.
말하기가 쉽지는 않았을 것 같습니다.
하지만 나라면 사귀기 시작했을 때 고백했을 겁니다.
그 일로 이 남자와의 인연이 끝날지라도
나 같으면 반드시 이야기했을 겁니다.
일주일을 고민하고, 어제 남자를 만났습니다.
"왜 K 얘기 안 했어요?"
남자는 조금 당황하더니 이내 평정을 찾는 듯했습니다.
"K와 당신이 친구 사이라는 게
우리 두 사람 사이에 그렇게 중요한 문제인가요?" 이건 아닙니다.
차라리 '알면 날 만나지 않을 것 같아서요' 이게 더 낫습니다.
이런 남자를 어떻게 믿고 만나며 뭘 믿고 사랑할 수 있을지.
내 사랑의 재점검 들어갑니다.

오른쪽으로 가는 남자

세상 참 좁습니다. 사랑하고 싶은 여자를 어렵게 만났는데,
하필이면 전에 잠깐 만나다 헤어진 K의 친구입니다.
처음에는 몰랐습니다. 데이트하는 걸 본 친구가 알려줬습니다.
여자는 모르는 눈치였고, 나는 고민했습니다.
K와는 아주 잠깐 만나다 헤어졌습니다.
사랑하다 헤어진 사이도 아니어서
굳이 숨길 이유도 없고,
굳이 말할 이유도 없다고 생각했습니다.
그래도 얘기는 해야 되겠다 싶어
적당한 때를 기다리고 있었습니다.
이런 내 이야기는 들어보지도 않고,
어떻게 알았는지 여자는 만나자마자
나를 꼭 나쁜 남자처럼 몰아갑니다.
아니, K와 동시에 만난 것도 아니고,
전에 잠깐 만났던 여자가
어쩌다 보니 지금 만나는 여자와 친구 사이인 건데
대체 내가 왜
이토록 형편없는 남자 취급을 받아야 하는 건지 모르겠습니다.
숨기고 감추려고 속인 게 아니라,
우리 사랑이 너무도 조심스러워 차마 말하지 못했다고는
왜 생각해주지 못하는 것인지.
나도 서운하고 화가 납니다.
그 바람에 그만 마음에도 없는 말이 튀어나오고 맙니다.
그게 뭐 그렇게 중요한 문제냐고.

프리드리히 폴 로가우가 말했습니다.
"뱀장어 꼬리와 여자의 말꼬리를
잡으려 하는 자는
아무리 단단히 잡고 있어도
결국엔 무엇 하나 잡는 게 없다."

왼쪽으로 가는 여자

눈을 뜨자마자 휴대전화부터 확인합니다.
새벽 1시까지 전화를 했는데
남자가 먼저 잠드는 바람에 통화가 끊겼습니다.
혹시 '먼저 잠들어서 미안하다'는
문자 메시지가 와 있지 않을까……
기대했지만 휴대전화는 텅 비어 있습니다.

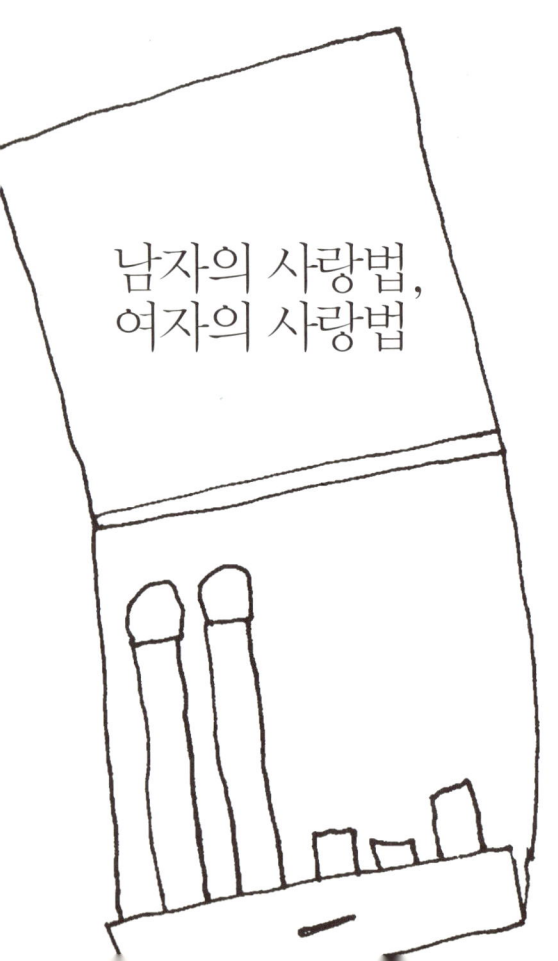

남자의 사랑법,
여자의 사랑법

"요즘은 꽃 배달이 오지 않네요?"
출근하자 동료들이 은근히 놀립니다.
남자는 아침마다 사무실로 꽃을 보냈습니다.
내가 좀처럼 마음을 주지 않자
그렇게 자기 마음을 전했습니다.
"어머! 이 남자, 돈 버는 거 다 꽃값으로 들어가는 거 아니에요?"
아마 동료들이 이렇게
남자를 걱정해주기 시작할 무렵이었을 겁니다.
내 마음이 기울어진 것이.
그 이후로는 기념일이나 생일날에만 꽃을 받았던 것 같습니다.
사실 남자가 꽃만 보낸 것은 아닙니다.
자기가 읽고 소중하게 간직하고 싶은 책도 보냈습니다.
'같은 책을 보고 같은 생각을 할 수 있었으면 좋겠습니다.'
남자는 책을 보내주는 이유를 이렇게 설명했습니다.
바빠서 만날 수가 없다고 하면,
늦은 밤 집 앞에서 기다리고 있다가 얼굴이라도 꼭 보고 갑니다.
그러다 보니 거의 날마다 만나게 됩니다.
'그래서 사랑하게 되었거늘……'
사무실 창가에 서서 모닝커피를 마시며 생각합니다.
이젠 꽃도 오지 않고, 책도 오지 않는구나.
혹시 회사 앞에서 출근하는 나를 기다리고 있는 것은 아닐까?
이것도 무너졌고,
'혹시 이따 회사 앞에서 퇴근하는 날 기다리고 있지는 않을까?'
이거라도 기대해봅니다.

오른쪽으로 가는 남자

오늘도 지각할 뻔했습니다.
여자와 새벽까지 전화 통화를 하다가 잠들었는데
언제 잠들었는지…… 기억이 나질 않습니다.
미안한데, 미안하다는 생각보다는
밤늦게 전화 통화 하는 것 좀
이제 그만두어야겠다는 생각이 듭니다.
문득,
나도 참 나쁜 놈이라는 생각이 듭니다.
불과 얼마 전까지만 해도
내 소원은 이 여자와 차 한잔 같이 마시는 것이었습니다.
얼마나 쌀쌀맞은지……
하루 종일 전화를 걸어도 한 통화도 받지 않던 여자입니다.
문자 메시지 답장은 기대도 할 수 없는 여자였습니다.
그래서 아침마다 사무실로 꽃을 보내기 시작했는데,
한 달이 지나도록 전화 한 통이 없어
한번은 혹시 꽃집에서 다른 곳에 배달한 건 아닐까?
확인까지 해봤을 정도입니다.
그랬던 여자가……
이젠 하루만 전화를 하지 않아도 토라집니다.
"왜 이젠 꽃을 보내지 않아요?"
은근슬쩍 꽃 배달도 강요합니다.
그런 여자와 전화 통화를 하다 잠들었으니……
만나면 또 이젠 사랑이 식었느니 마음이 변했느니……
하며 사랑 타령을 할 겁니다.

어떻게 할까?

전화를 할까? 말까?

고민하다 한 번만 고생하기로 합니다.

어차피 오늘 저녁에 만나면 고생할 것을

미리 고생할 필요가 없습니다.

대신 오늘은 오랜만에 꽃이나 사 가지고 가야겠습니다.

레미 드 구르몽이 말했습니다.
"남자는 사랑을 사랑하는 것에서 시작하여
여자를 사랑하는 것으로 끝나지만,
여자는 남자를 사랑하는 것에서 시작하여
사랑을 사랑하는 것으로 끝난다."

단 한 사람, 꼭 그 사람

왼쪽으로 가는 여자

남자를 만나는 날, 친구가 따라 나왔습니다.
그리고 다음 날 이런 얘길 들려주었습니다.
"밤새 고민했어. 이 얘기를 해주어야 할지, 말아야 할지.
그 남자, 내 중학교 동창과 사귄 적이 있어. 그것도 3년 동안이나.
그 남자는 날 알아보지 못했지만 난 첫눈에 알아보겠더라."
마음이 울적합니다. 솔직히 안 들은 것만 못합니다.
남자도 나 만나기 전에 분명 누군가를 만났을 겁니다.
하지만 짐작과 확인의 차이는 컸습니다.
내게도 끔찍이 좋아했던 남자가 있었습니다.
2년 전에 헤어지면서 다시는 누군가를 좋아하지 않겠다고
맘먹을 정도로 좋아했던 남자가.
그러다 만나게 된 이 남자.
지나간 사랑처럼 불같은 사랑은 아니어도 장작불처럼 은근합니다.
헤어진 남자와는 또 다른 느낌과 분위기를 지닌 남자.
이 남자를 만나고 나서 이런 생각도 해봤습니다.
'이 남자를 만나기 위해
2년 전 내 가슴이 그렇게 아팠었나 보다…….'
사랑 때문에 아파본 적이 없다면,
아마 난 누군가를 3년이나 사랑했었다는
이 남자를 떠나보낼 겁니다.
하지만……
내게도 2년 전에 헤어진 남자가 있습니다.
만약 입장이 바뀌어 그 남자가 이 남자의 친구였다면
이 남자가 친구 때문에 나를 잃게 되는 일이 없기를 바랄 겁니다.

오른쪽으로 가는 남자

얼마 전 한 여자를 만났습니다.
내겐 3년을 사귀다 헤어진 여자가 있습니다.
나에게 사랑을 알게 해주고 떠난 여자.
나는 그 여자에게 늘 고마워합니다.
아니면 사랑이란 게 뭔지 몰랐을 겁니다.
적어도 이 여자를 만나기 전까지, 나는
헤어진 여자를 사랑했노라고 믿었습니다.
이 여자를 만나고 알았습니다.
나는 사랑한 게 아니라 한 여자를 소유하고 싶어했다는 것을.
"당신은 날 사랑하는 게 아니라 마음에 드는 물건을 갖고 싶듯이
그냥 날 소유하고 싶은 거예요.
그게 당신이 말하는 나에 대한 사랑이라고요."
3년을 함께한 여자가 떠나면서 남긴 말입니다.
맙소사!
마음을 다해 사랑했는데, 소유라고?
"네. 그건 집착이라고요. 사랑이 아니라······."
사랑, 소유, 집착······을 안주 삼아
그땐 참 술도 많이 마셨습니다.
이제는 조금 알 것 같습니다.
헤어진 여자와는 하루만 연락이 되지 않아도
"왜 연락이 되지 않느냐. 어디서 뭘 하느라 연락도 하지 않느냐"고
화부터 냈습니다.
하지만 이 여자에게는 화가 안 납니다.
하루 종일 연락이 되지 않아 애가 타다가도

다음 날 여자의 목소리를 들으면
'무사하구나' 마음이 놓입니다.
나를 사랑하지 않아도
같은 하늘 아래 살아 있어주기만 하면 좋겠는 마음.
상대에게 아무것도 바라지 않는 마음.
나에겐 처음입니다.
아무래도 이 마음이 사람들이 말하는 사랑인 것 같습니다.

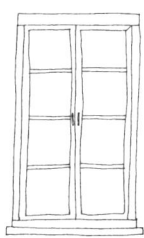

찰리 채플린이 말했습니다.
"우리 오늘을 좀 더 일찍 만났더라면
사랑을 찾아 헤매는 일은 없었을 것이다.
세상의 단 한 사람에게만 느낄 수 있는 것이
바로 사랑이다."

> 왼쪽으로 가는 여자

"뭐라고? 너 지금 뭐라고 했니? 누구를 사랑한다고?"
알아듣고도 믿기지 않는 듯 묻고 또 묻는 친구.
충분히 기분 상해야 될 상황이지만 오히려 난 덤덤합니다.
없는 사실도 아니고,
지어낸 이야기도 아닙니다.
바람을 닮고 싶다는 남자가 있습니다.
바람처럼 살고 싶어 아이디조차 'freewind' 인 남자.
그 남자가 어느 날 내 가슴으로 불어왔습니다.
"아니, 바람을 어떻게 붙잡겠다는 거야?
그 남자가 바람이면 넌 흙이라고.
바람은 떠돌고 흙은 움직일 수 없는 거라고.
그런데 흙이 무슨 수로 바람을 감당할 수 있겠냐고?"
친구가 무슨 말을 하고 싶어하는지 압니다.

가슴으로 바람이 불다

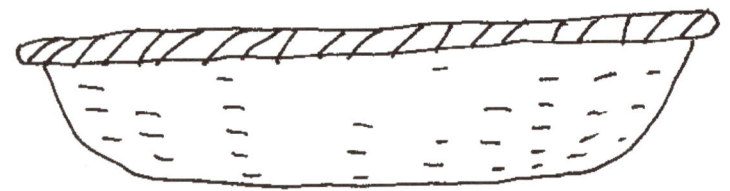

문제는 내 귀에 아무 말도 들리지 않는다는 겁니다.
"세상에! 네가?"
나 또한 내가 그런 남자를 사랑할 수 있으리라고는
상상조차 못해본 일입니다.
나라는 여자는,
남자만 만나면 '줄 긋기'부터 하는 여자입니다.
이 남자는 이래서 안 되고, 저래서 안 되고.
줄 긋다 제대로 연애 한번 못해본 여자가 바로 나입니다.
그런데,
이 남자에게는 '줄 긋기'가 되지 않습니다.
어떤 부분이 마음에 들고 어떤 부분이 마음에 들지 않고,
도무지 선이 그어지지가 않습니다.
그냥 홀린 것 같습니다.
남자에게 홀린 여자가 요즘 바로 나입니다.

오른쪽으로 가는 남자

"네가 여자를 만난다고?"
친구들이 놀라 뒤로 넘어갑니다.
그러는 것도 무리는 아닙니다.
그동안 내가 제일 한심스러워한 부류의 인간은
날마다 여자를 만나 영화 보고, 밥 먹고, 차 마시며
할 일 없이 시간을 죽이는 인간들이었습니다.
운동하고, 공부하고, 여행하고,
세상이 어떻게 돌아가는지를 알기 위해 시야를 넓히느라
나는 무지 바빴습니다.
혼자 자유롭고 싶었습니다.
한곳에 오래 머무는 것도 싫어합니다.
바람처럼 떠돌며 세상 구경하기를 즐깁니다.
그러니 연애는 체질적으로 맞지 않습니다.
이틀만 전화를 건너뛰면 화를 내고,
늘 어디서 무엇을 하는지 일일이 보고하지 않으면
토라지는 여자들과의 연애.
정말 내 적성에 안 맞습니다.
이런 내가 요즘 한 여자에게 고정되어 있습니다.
친구들이 뒤로 넘어갈 만합니다.
심지어 이 여자의 꿈은
한 남자의 아내가 되어 아늑하고 아기자기한 가정을 꾸리고,
아이를 낳아 예쁘게 키우는 겁니다.
그러니까 누가 보아도 나와는 어울리지 않는 여자이거늘
요즘 난 이 여자에게 빠져 꼼짝도 못합니다.

여행 다녀온 지도 오래되었습니다.
"대체 그 여자 어디가 그렇게 좋은 거지?"
"음…… 그냥 전부 다!"
사랑하는 데는 이유가 없습니다.
사랑할 아무런 이유가 없는데도 사랑합니다.
이게 사랑인가 봅니다.
그렇다면 지금까지 난 사랑을 잘못 알고 있었습니다.

H. A. 브면은 말했습니다.
"참된 사랑을 하고 있는 사람은
상대와 자신을 일체로 생각한다.
연애에 들떠 있는 사람은 상대와 자신을
떨어져 있는 별개의 인간으로 생각하면서
자기만족을 위한 수단으로
상대에게 반했다고 말한다.
그러므로 한눈에 반했다 함을
'바람기'라 부르기로 하고,
참된 연애를 '사랑'이라 부르기로 하자."

남자는 겁쟁이가 되고,
여자는 대담해지고!

왼쪽으로 가는 여자

친구에게 꼭 필요한 책이 내게 있습니다.
"나 오늘 그 책이 꼭 필요한데,
네가 가져다주면 안 될까? 정말 미안하지만 부탁한다."
썩 내키지 않았습니다.
무엇보다 지금 해야 할 일이 너무 많습니다.
거기다 '오후 5시'까지 자기 있는 곳으로
가져다주면 좋겠다는 것도 마음에 안 듭니다.
조금 얄밉습니다.
그렇다고 이만한 일로
십년지기인 친구를 외면할 수 없다는 생각이 들어
투덜투덜대며 친구에게로 갔습니다.
그곳에서 한 남자를 만났습니다.
찻집 문을 열고 들어서는데
한 남자가 눈에 번쩍 뜨였습니다.
자석에 끌리는 쇠붙이처럼 남자에게 끌립니다.
눈이 마주쳤을 때 아마 잠시 정신을 잃었을 겁니다.
"고맙다, 정말 고맙다"는 친구의 음성이

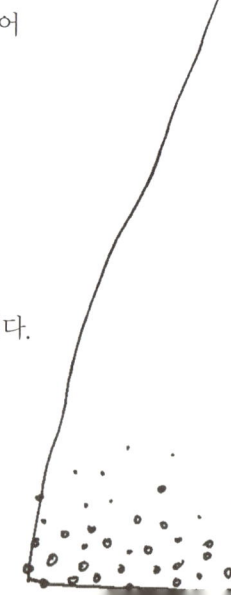

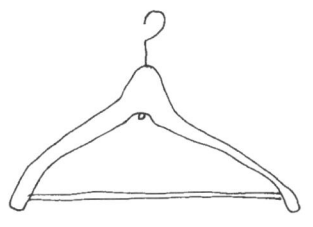

까마득하게 들립니다.
"오늘 바쁘다고 했지? 얼른 가봐.
그리고 정말 고맙다. 내가 다음에 맛있는 거 사줄게."
바쁘다고 하지 말 것을.
하는 수 없이 등 떠밀려 나옵니다.
그러나 마음은 찻집 안에,
그 남자 곁에 두고 나옵니다.
두근두근. 심장이 빠르게 뜁니다.
'누굴까? 친구와는 어떤 관계일까? 사귀는 여자가 있을까?
아니면 혼자일까?'
저녁때 친구에게 슬쩍 물어봅니다.
"아까 같이 있던 남자는 누구야?"
"오빠 친군데…… 실은 그 오빠가 책을 빌려달라고 한 거야.
참 오빠가 책 가져다줘서 고맙다고, 나중에 저녁 산다더라."
"그러지 뭐. 근데 조금 빨리 돌려주었으면 좋겠다.
나도 빨리 그 책 보고 리포트를 써야 하거든."
거짓말이 술술 잘도 나옵니다.

> **오른쪽으로 가는 남자**

급히 필요한 책이 있어 서점에 가려는데
아는 동생이 다급하게 찾습니다.
그럼 서점에서 만나자고 했더니
그럴 시간이 없다며
내가 사려는 책을 빌려주겠다고 합니다.
대신 남는 시간을 자기에게 할애해달라고 하는데
다른 건 몰라도 난 책만큼은 빌려 보지 않습니다.
더더군다나 이 책은 꼭 사야 합니다.
어떻게 할까.
망설이다 이렇게 하기로 합니다.
일단 동생에게 책을 빌려 보고
나중에 서점에서 사기로.
책도 받을 겸, 다급하게 찾는 이유도 들을 겸
동생을 만났습니다.
세상에.
얼마나 다급했는지
내게 줄 책도 친구에게 빌린다고 합니다.
이어 책을 들고 나타난 착한 친구.
착한 친구가 와서 책만 건네주고 돌아가는데
그 모습이 어디선가 참 많이 본 듯했습니다.
조금도 낯설지가 않았습니다.
"누구야?"
"친구!"
눈치 빠른 동생.

"왜? 소개해줄까?"
가슴은 정신없이 뛰고,
입은 또 엉뚱한 짓을 합니다.
"아니, 무슨. 친구가 참 고맙네. 나중에 셋이 밥이나 한번 먹자."

빅토르 위고가 말했습니다.
"참된 사랑의 최초의 특징은
남성의 경우에는 겁쟁이가 되고,
여성의 경우에는 대담해지는 것이다."

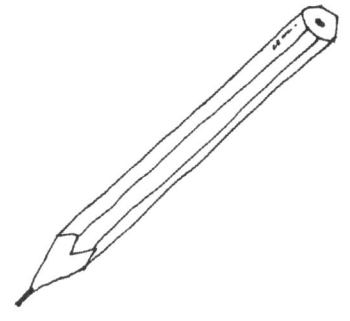

마음의 과녁

왼쪽으로 가는 여자

"주말에 시간 있어요?" 묻는 남자.
나는 이미 주말을 텅 비워놓았습니다.
틀림없이 주말에 만나자고 할 줄 알았습니다.
"주말이오?"
이건 순전히 내 의지와는 상관없이 튀어나온 말입니다.
"일이 있으신가 보군요. 그럼 다음 주 주말은 어떠세요?"
'아뇨, 이번 주말에 시간 있어요.'
속으로 웅얼거리며 대답합니다.
"네, 다음 주말은 괜찮아요."
바보.
할 수 없습니다.
"다음 주말에 만나기로 다시 원상복구하자. 미안해."
친구에게 전화합니다. 이번 주말을 비우느라 다음 주로
옮겨놓은 약속을 다시 이번 주로 복귀시켜놓는 겁니다.
'아아! 이번 주말에도 보고 싶다.'
하기는 너무 급속도로 가까워지는 것 같아서 겁도 납니다.
처음에는 일 때문에 만나고,
두 번째는 길을 가다 우연히 만나 도움을 청하는 남자를 돕고,
그 대가로 다음 주 주말에 만나자고 한 건데
그게 다음 주로 밀린 겁니다.
순간…… 말 한마디 잘못하는 바람에.
'혹시 이번 주말에 자연스럽게 만날 수 있는 계기가 뭐 없을까?'
친구와 약속까지 해놓고는
또 멍청한 짓을 합니다.

> **오른쪽으로 가는 남자**

얼마 전.
직장 일로 한 여자를 만났습니다.
그날 나는 업무를 보지 못했습니다. 가슴 떨려서.
가슴이 떨린다는 게 어떤 건지…… 처음 경험했습니다.
'이 여자에게 어떻게 다시 만나자는 말을 할까?'
고민하다 때를 놓치고.
다행히 휴대전화 번호를 알아냈습니다.
누군가의 연락처를 알고 있다는 것이
이토록 마음 든든한 일일 줄이야.
언제든 연락할 수 있다는 것이
이렇게 기쁜 일일 줄이야.
그러다 길에서 우연히 마주쳤습니다.
하늘이 돕는 것 같습니다.
나한테 이런 면이 있나? 싶을 정도로 놀라운 순발력을 발휘해
여자에게 '거짓 도움'을 청했고,
그날 도움 받았던 것을 빌미로 함께 식사하기로 했습니다.
여자는 아무것도 모르고
이번 주에는 약속이 있고,
다음 주에는 시간이 있다고 합니다.
주말에 약속이 있다는 걸 보니
'혹시 사귀는 남자가 있지 않을까?' 걱정도 됩니다.
그래도 최선을 다해볼 겁니다.
가슴 설레게 하는 여자,
태어나 처음입니다.

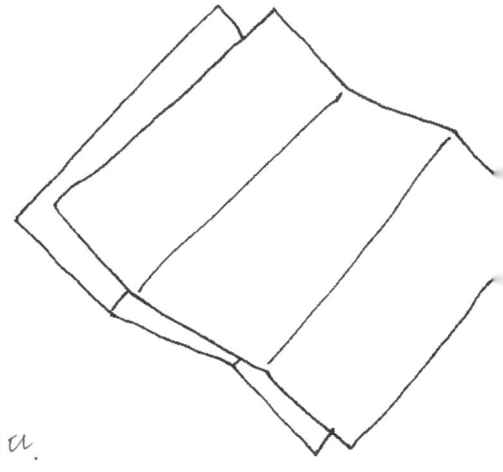

케이트 비간이 말했습니다.
"여성이란, 목적을 노려서 쏘면 맞히지 못하지만,
눈을 감고 무작정 쏘아대면
대개는 명중시킬 수 있는 존재다."

여자는
남자 마음속에
산다

> 왼쪽으로 가는 여자

휴대전화가 울립니다. 반사적으로 전화를 받습니다.
"지금 뭐 해?"
"몹시 바쁘다!"
"뭐가 그리 바쁜데? 날마다!"
기다리는 전화가 있는 줄도 모르고 눈치 없게 구는 친구.
눈치 없기가 꼭 그 남자입니다.
아무리 사흘 후에 만나기로 약속하고 헤어졌다고는 하지만
그사이 왜 전화 한 통 없는 건지.
'정말 전화 한 통화 걸 틈 없이 바쁜 걸까?'
'아니면 내게 보여준 눈빛이 거짓이었나?'
'아니면 그사이 운명적인 만남이라도 가져 고민하고 있는 걸까?'
'아니, 혹시 양다리?'
별의별 생각이 다 듭니다.
사흘이 지나고 나서야 난 당당하게 전화를 합니다.
"우리 만나기로 한 날이 오늘이던가요?"
"왜…… 바쁘면 다음에 만날까요?"
남자의 목소리에서 무심함이 묻어나와
사흘 내내 휴대전화만 들여다보며 지낸 것이 억울했습니다.
자존심도 상하고.
'난 보고 싶지만 일부러 꾹 참아요. 그러다 만나면 더 기쁘니까!'
이런 말이나 좀 해주지…….
달랑 '그럼 조금 이따 만나요'라는 문자 메시지만 보냅니다.
아무래도 이 남자, 내게 마음이 없는 건 아닌지 모르겠습니다.
자꾸 그런 생각이 듭니다.

> 오른쪽으로 가는 남자

벌써 사흘째.
휴가 중인 선배가 비운 자리를 대신하고 있습니다.
몸은 고단해도 마음은 훨훨 날아다닙니다.
"무슨 좋은 일이라도 있나 보지?"
다들 툭툭 건드리는데, 싫지가 않습니다.
아니, 누가 호젓한 비상구로 끌고 가서
'내게 솔직히 털어놔봐!!'
집요하게 캐물어주었으면 하는 마음도 없지 않습니다.
그러면 더는 참지 못하고
'사랑하는 사람이 생겼습니다!' 털어놓을 텐데.
오늘은 그녀를 만나러 가는 날!
만난 지 사흘밖에 안 지났는데 보고 싶어 미치겠습니다.
벌써 몇 번째 시계를 쳐다보는지 모릅니다.
그래서 휴대전화 벨이 울리고
발신자 이름으로 그녀 이름이 떴을 때
'혹시 약속을 취소하는 전화가 아닐까?'
가슴이 쿵 내려앉았습니다.
다행히 약속엔 변동이 없습니다.
다만 여자의 말투에 이유를 알 수 없는 찬 바람이 부니
불안 초조합니다.
"얼마나 바쁘면 사흘 동안 전화 한 번 없어요?"
내 속도 모르고 야속한 말만 합니다.

막심 고리키가 말했습니다.
"가령 남자가 아무리
자기 자신을 잊고 일에 열중하더라도
그 마음 한구석에는 언제든지 한 여자가 숨어 있다.
즉, 남자를 일하게 하는 데 있어 여자는
효과적인 현상금이다."

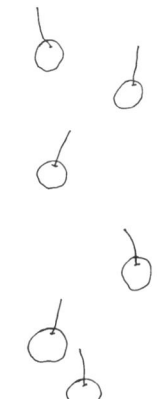

흔들리다

이별의 이유

왼쪽으로 가는 여자

'어디서든 한번은 우연히 마주치겠지……'
늘 생각했습니다.
그 때문에 외출 전 옷을 고르는 시간이 길었던 날들도 적잖습니다.
이런 생각도 했습니다.
'아마 이런 날은 만나지 않고 틀림없이 꾀죄죄하게 입고
외출한 날 만나게 될 거야……'
예감은 왜 그리 적중하는지.
온종일 집에서 뒹굴다가 친구를 만나러 간 늦은 밤.
그만 헤어진 남자,
지금도 그리운 그 남자와 정말 우연히 딱 마주쳤습니다.
그것도 포장마차에서.

그 시간에 나를 불러낸 친구는
그런 나를 붙들고 실연의 아픔을 달래고자 했습니다.
실연한 친구 곁에서 마음 동무를 해주려고 나갔다가
우연히 만난 남자.
우린 1년 전에 헤어졌습니다.
우리 둘의 사정을 너무도 잘 아는 친구는 말을 잊고, 실연도 잊고,
나를 불러낸 이유도 잊고 그저 멍하니 앉아만 있습니다.
그런데 이상합니다.
1년 전,
이 남자는 분명히 나보다 자신의 미래가 중요하다며 떠났습니다.
그렇다면 지금, 1년 만에 만난 남자의 눈빛에서는
그리움 같은 게 절대 보이지 않아야 합니다.
하지만 남자는 나를 보는 순간부터 얼음이 되어갑니다.
친구들 틈에서 1년 전에 미련 없이 등 돌린 여자를 의식하며
안쓰럽게 떨고 있습니다. 남자의 흔들림이 전해집니다.
'우린 왜 헤어졌을까?' 비로소 보입니다.
우리가 헤어진 진짜 이유가.
이 남자,
아무래도 자신을 위해 헤어진 것이 아니라
날 위해 헤어진 것 같습니다.
그렇다면 내게 거짓말을 한 아주 나쁜 남자입니다.
나는 남자에게 벌을 줄 것입니다. 이제 용기 따위는 필요 없습니다.
그런 건 남자의 마음을 몰랐을 때나 필요한 것.
나는 서슴없이 걸어갑니다.
1년 전 내게 아주 나쁜 거짓말을 했던 남자에게로.

오른쪽으로 가는 남자

날마다 생각했습니다.
'오늘은 혹시 만나지 않을까?'
1년 전,
한 6개월쯤 만나던 여자와 헤어졌습니다.
웃는 모습이 참 해맑았던 여자.
그 여자와 함께라면 세상 사는 일이 아무것도 아닐 것 같았습니다.
어려운 일도 없고,
암담한 일도 없고.
그늘은 없고 양지만 있을 것 같았습니다.
하지만 그 때문에 나는 여자를 떠났습니다.
나와 함께 있으면 그 여자는,
하나도 어렵지 않은 일을 어렵게 풀어가며 살아야 하고,
암담한 일을 겪게 될 것 같았습니다.
그래서 내가 먼저 헤어지자고 했습니다.
그것도 모르고,
내가 자기를 얼마나 사랑하는지 아무것도 모르는 여자는,
사랑보다 일이 더 중요하다는 나의 거짓말에
그만 야속하게도 속아넘어가고 말았습니다.
"당신을 좋아하는 내 마음보다 나를 좋아하는
당신의 마음이 훨씬 작은가 봐요?"
하마터면 거짓말이라고 털어놓을 뻔했습니다.
나는 압니다.
만약 이 여자가 내 사랑의 크기를 알았더라면
내가 그렇게 자신을 떠나가도록 내버려두지 않았을 거라는 것을.

그렇기에 날마다 간절히 바라던 우연한 만남이
이루어졌는데도 나는 속수무책입니다.
튕겨나오려는 마음을 부여잡고 있으려니 진땀만 흐릅니다.
그런데 저만치…… 여자가 내게로 걸어오는 게 보입니다.
나, 참 나쁜 놈입니다.
내가 여자를 속였다는 것을 애타게 들키고 싶어합니다.
그래서 몹시 떨립니다.

헤르만 헤세가 말했습니다.
"그 사람이 스스로 충만되어
나에게서 떠난다 해도
그 사람을 위해 기도할 각오 없이
사랑하는 것은 처음부터 잘못된 일이다."

사랑이란 그저

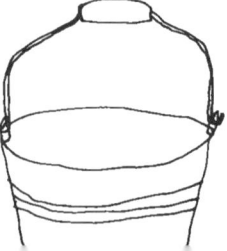

왼쪽으로 가는 여자

'깨끗하게 헤어져주자!'
다시 한번 결심합니다. 어금니를 꽉 깨뭅니다.
"일이 너무 많아서 전화할 시간이 없었다고!
정말이라니깐! 제발 믿어줘.
그런데 넌 어떻게 그만한 일로 내 마음까지
의심할 수 있는 거니?"
이것도 변명이라니······.
변명 한번 참 군색하고 초라하기 그지없습니다.
'열흘이 지나도록 연락조차 되지 않던 남자가
보름 만에 나타나서는 한다는 말이 고작
일이 너무 많아서 전화할 시간이 없었다고?
지금 나보고 그 말을 믿으라고?'
차라리 아무 말도 하질 말지.
그러면 모르는 고민이라도 있나 보다······ 아파하기라도 하지.
그런데,
어떻게 그만한 일로 자신의 마음을 의심할 수 있느냐고?
그렇다면 나 또한 되묻고 싶습니다.
'정말 날 사랑한다면 어떻게 열흘이 넘도록
연락하지 않을 수 있어?
어떻게 열흘 동안이나 내 생각을 단 한 번도
하지 않을 수 있는 거냐고!'
그러나 난 묻지 않기로 합니다.
지금 이 상황만으로도 충분합니다.
그간 두어 차례 통화를 했지만 번번이 바쁘다고 말하면서

서둘러 끊었던 남자입니다.
열흘 넘게 사랑하는 여자의 목소리도,
얼굴도 보고 싶어하지 않았던 남자입니다.
더 이상 만날 이유가 없습니다.
그냥 깨끗하게 헤어져줄 겁니다.
'왜 안 만나줘요? 내가 안 보고 싶어요?'
남녀 사이에 이만큼 답이 보이는 질문,
더는 없다고 생각합니다.

카운터 저편이 말했습니다.
"당신의 모든 마음을 사랑에 걸지 마라.
사랑은 그저 고통으로 끝날 수도 있는 것이다."

오른쪽으로 가는 남자

정말 바빴습니다.

야근, 철야가 계속되고, 일주일 넘게 집에도 못 들어갔습니다.

'이렇게 살아야 하나?' 회의도 많이 듭니다.

하지만 내게는 사랑하는 여자가 있습니다.

그 여자를 위해서라면 한 달 아니라 1년 야근도

마다하지 않을 겁니다. 직장에서 살아남아야 하니까.

그것도 모르고 여자는 전화할 때마다 볼멘소리로 받습니다.

가뜩이나 신경이 날카로운데……

여자의 뾰족한 목소리는 나를 지치게 합니다.

아마 그래서 짜증을 내고, 더 바쁜 티를 냈는지도 모릅니다.

하지만 그게 전부입니다.

여자가 말하는 것처럼 마음이 변하고, 사랑이 식어서?

다른 여자가 생겼거나 여자에게 싫증이 나서?

그건 아닙니다.

그래서 참 서운합니다.

지금까지 내가 그녀에게 보여준 사랑은 다 어디 두고

어떻게 열흘 동안이나 잊고 살 수 있느냐고 따져 묻는 것인지.

'사랑하니까! 너에 대한 나의 사랑을 믿고

나에 대한 너의 사랑을 믿으니까!'

사랑을 외치려다 그만둡니다.

믿음이 깨졌다고 돌아서는 여자입니다.

말해도 소용없을 것 같습니다.

소유

왼쪽으로 가는 여자

"아까부터 무슨 생각을 그렇게 골똘히 하는 거니?"
"어? 아니야. 아무것도."
난 거짓말을 합니다.
분명히 난 아까부터 '무슨 생각'을 골똘히 하고 있습니다.
"우리 여행 가자!"던 남자의 말, 그런 말을 한 남자에 대해서.
그리고 우리 둘의 사랑에 대해서. 지난주, 남자는
이런저런 이야기를 나누다 농담인지 진담인지
함께 여행을 가자 했고, 내 머릿속은 온통 '남자와의 여행'으로
꽉 차 있습니다. 얼마나 고민이 되는지…….
지난밤에는 꿈에서까지 남자와 다퉜습니다.
'친구의 의향은 어떨까?' 눈치를 살피는데
마주 앉은 친구의 눈에 의혹이 가득합니다.
"아닌데…… 분명 무슨 고민이 있는 것 같은데……."
조금만 더 캐물었다면 털어놓았을지도 모릅니다.
모른 척해주는 게 도리라고 생각했을까.
친구가 더는 묻지 않고 슬쩍 답만 던집니다.
"무슨 고민인지는 모르겠지만, 맨 처음에 했던 생각이 옳을 거야.
옷을 살 때도 결국에는 맨 처음 눈에 띈 옷을 사게 되지 않아?
그러니까 처음에 '이건 아니다'였으면 그건 아니라는 거지!"
뜨끔. 오래된 친구는 이래서 무섭습니다.
나는 친구의 말을 얼른 주워담습니다.
집으로 들어가는 길에 남자에게 문자 메시지를 보냅니다.
분명하고도 단호하게.
더는 이 문제로 혼란스럽고 싶지 않습니다.

오른쪽으로 가는 남자

'가고 싶으면 혼자 가요. 난 가지 않아요.'
늦은 밤. 여자에게서 날아온 뜬금없는 문자 메시지.
'무슨 얘길까? 혹시 다른 사람에게 보낸 게 잘못 온 건 아닐까?
대체 어딜 혼자 가라는 말인가.'
잠시 고민하다 여자에게 전화를 겁니다.
그러고 보니 오늘은 목소리조차 듣지 못했습니다.
요즘 난 정말 열심히 일합니다. 여자를 더 많이,
자주 만나고 싶어서.
빨리빨리 일을 해치워야 데이트할 시간이 주어지니
종종 전화 한 통 제대로 하지 못하고 하루를 보냅니다.
그런데 문자 메시지를 잘못 보낸 게 아니냐고 묻는 내 말에
답이 없습니다.
'가고 싶으면 혼자 가요' 라는 말이 무슨 말이냐고 재차 묻자
이번엔 화를 냅니다.
"실망이네요. 기억도 하지 못할 만큼
책임감 없이 내뱉은 말이었나요?"
대체 무슨 말인지 도통 알아들을 수가 없습니다.
단지 내게 무척 화가 나 있다는 것만은 알 것 같습니다.
그 바람에 이어진 내 침묵이 여자의 화를 키우고,
화가 난 여자는 얼음장처럼 차갑고 냉정한 어투로
짧고 명료하게 말했습니다.
"지난번에 나보고 같이 여행 가자고 했잖아요."
아! 이제야 기억이 납니다. 이 여자를 만나는 순간부터
난 여행을 떠나고 싶었으니까.

하지만 그날은 여행을 제안했던 것이 아니라,
농담 반 진담 반으로 나의 꿈을 이야기했을 뿐입니다.
"맙소사. 그 말 때문에 지금까지 고민하고 있었던 거예요?
그건 그냥 내 바람이에요. 꿈이라구요!"
여자는 화를 내고, 나는 쩔쩔매고.
그런데도 나는 화를 내는 여자가 미덥습니다.
이상한 일도 다 있습니다.

아르투르 쇼펜하우어가 말했습니다.
"남자의 애정은 그가 육체의 만족을
얻는 순간부터 눈에 띄게 줄어든다.
어떤 여자라 해도 그가 소유하고 있는 여자보다는
많은 매력을 가지고 있는 것처럼 느끼게 되고,
따라서 그는 변화를 바란다.
거기에 비하면 여자의 애정은 그 순간부터 증가한다."

사랑도, 욕망도,
미움도……

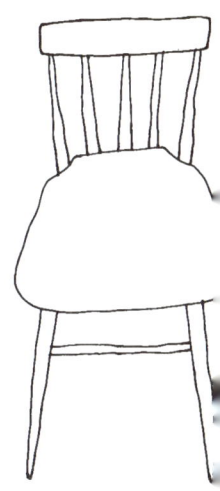

왼쪽으로 가는 여자

"몇 번이나 만났다고 그렇게 빠져든 거야?"
사랑에 빠져서 나날이 얼굴 고와지는 친구가 보기 좋아
친구의 사랑을 아는 척해봅니다.
"한번 만나볼래? 이따 저녁에 만나기로 했는데……."
반색하며 묻는 친구에게 난 고개를 젓습니다.
사랑이란 물거품 같다고 생각하니까.
누군가를 사랑하는 친구의 모습이 그저 보기 좋을 뿐,
그 사랑까지 들여다보고 싶지는 않습니다.
하지만 친구는 가기 싫다는 나를 '제발 한 번만 봐주라' 하고
억지를 쓰며 기어코 데리고 갑니다.
하지만 그 자리에 가지 말았어야 했습니다.
나는 만나고부터 헤어질 때까지 마치 벌서는
아이처럼 힘들었습니다.
왜? 친구의 남자를 정면으로 볼 수 없었으니까.
이유는? 모르겠습니다.

그게 '첫눈에 반한다' 는 건지.
'첫눈에 끌린 남자.'
그 아름다운 감정 앞에서 난 두려움에 떨었습니다.
그보다 더 두려운
'나와 같은 마음이었던 그 남자의 눈빛' 앞에서
나는 숨을 곳이 없어 그저 쩔쩔매야 했습니다.
그런 내게 지금 친구가 전화를 했습니다.
'우리 지금 네 이야기를 하고 있다' 며 남자를 바꿔줍니다.
또다시 불쑥 친구의 남자를 만나며
나는 내 마음을 꼭 붙잡습니다.
'스치고 지나가는 사랑 때문에
마음 놓아버리는 일은 없게 하소서.'
내 마음을 꽉 붙들고 기도합니다.

어니스트 도손이 말했습니다.
"웃음도, 눈물도, 그렇게 오래가는 것은 아니다.
사랑도, 욕망도, 미움도 한번 스치고 지나가면
마음속에 아무런 힘을 미치지 못하는 것이라고
나는 생각한다."

오른쪽으로 가는 남자

집에 일찍 들어가 푹 쉬고 싶습니다.
그런데 막상 집에 들어가려고 하니 허전합니다.
"나랑 소주 한잔하자."
친구는 할 일이 많다고 하면서도 만나줍니다.
"하나만 묻자. 요즘 들어 부쩍 나를 자주 찾는 이유가 뭐야?
너 요즘 목하 열애 중이잖아. 그렇다면 난 네 얼굴을
보기가 무척 힘들어야 하는데,
그렇지가 않거든. 고백해라. 혹시 헤어진 거야?"
추궁과 동시에 도착한 여자의 문자 메시지.
나는 대답 대신 그 문자를 친구에게 보여줍니다.
"싸운 것도 아닌데…… 그런데 왜?"
문자를 읽은 친구는 조금 전보다 더 의아한 얼굴로
나를 바라봅니다. 지금 만나고 있는 여자를 위해서는
내 마음을 철저히 숨겨야 하는데.
나는 그만 참지 못하고 털어놓습니다.
이 여자의 친구가 자꾸만 내 마음을 헤집어놓는다고.
친구의 얼굴에서 핏기가 사라집니다.
"얼마든지 있을 수 있는 일이기는 하다.
그렇더라도 나는 절대로 있을 수 없는 일이라고 생각하면서
깊이 고민하는 너를 보고 싶다."
소주 맛이 씁니다.
하지만 이 쓴맛은 오래가지 않을 것입니다.
사랑도 그러하지 않을까…… 싶습니다.
쓴 소주 맛처럼 쓰디쓴 이 사랑도 그러하지 않을까.

사랑의 유효 기간

왼쪽으로 가는 여자

어제부터 남자와 연락이 되질 않습니다.
'혹시 내가 전화를 받을 수 없는 상황에만 전화를 건 것은 아닐까?'
긍정적으로 생각하려다…… 마음을 접습니다.
지금 남자의 휴대전화에 내 전화번호가 찍혀 있을 겁니다.
어제도, 오늘 아침에도, 조금 전에도…… 전화를 했으니까.
'휴대전화를 잃어버린 건 아닐까?' 생각하다 또 그만둡니다.

만일 휴대전화를 잃어버려서 전화를 받을 수도,
걸 수도 없는 상황이라면
남자는 어떻게 하든 그 사실을 내게 알렸어야 합니다.
그러니 휴대전화를 잃어버렸든,
불가피한 사정이 있어서 휴대전화 충전이 불가능했든,
하루 반나절 동안 연락이 되지 않는다는 것은
남자의 마음이 내게서 떠나 있다고 봐도 될 겁니다.
'벌써 사랑이 식은 것일까? 아니면 다른 여자가 생긴 것일까?'
한 치 앞도 보이지 않을 만큼 짙은 안개가 마음에 드리웁니다.
그래서 나는 아예 휴대전화를 끄고
모든 사람으로부터 자유로워지기로 했습니다.
그렇게 스스로 택한 단절과 고립 속에서
남자와 처음 만났던 날,
남자와 함께해온 시간들을 조심스럽게 펼쳐봅니다.
'그동안 난 왜 이 남자가 다른 여자에게
마음이 끌릴지도 모른다는 생각을
단 한 번도 해보지 않았던 것일까?'
처음으로 나 자신에게 물어봅니다.
연인들의 사랑에는 미래가 없다고 말한 사람도 있었는데…….

> **오른쪽으로 가는 남자**

어젯밤.

집으로 가는 길에 우연히 중학교 동창을 만났습니다.

친구가 먼저 알아보았습니다.

우연한 만남이 참으로 반가운 친구.

우리는 의기투합해서 포장마차를 찾았습니다.

정말 모처럼 지나온 세월과 마주하였습니다.

친구와 헤어지고 보낸 시간들.

우리는 고등학교 3년과 대학교 4년,

군대에서 보낸 시간들과

회사에 들어가 보낸 시간들을 이야기하며

오랜 추억들을 기억나는 대로 꺼내놓았습니다.

그런데 친구는

지나간 시간들보다는 지금, 현재를 이야기할 때

목소리에 더 힘이 실립니다.

직장에 다니면서 변리사 공부를 했었다고,

다행히 운 좋게 합격해서 1월부터 출근하고 있다는 친구.

나는 기쁜 마음으로 그 녀석의 현재를 축하해주었습니다.

그런데 그 녀석의 당당함이 나를 체하게 한 것 같습니다.

지금까지 열심히 잘 살아왔다는

나에 대한 믿음이 흔들립니다.

오늘 아침, 회사로 향하는 순간까지도

체증이 가라앉질 않습니다.

지금도 가슴에 묵직한 돌덩이 하나가 얹혀 있습니다.

주머니에서 언제 꺼졌는지 모르겠는 휴대전화가 만져집니다.

'휴대전화도 꺼져 있었구나.'
마치 내 마음을 보는 듯합니다.
배터리가 없어서 무용지물이 된 휴대전화,
꼭 나 자신처럼 보입니다.
어제 이맘때와는 달리 도무지 일할 의욕이 생기지 않습니다.
그저 조금 더 열심히 살았어야 했었다는……
참담한 생각만 밀려듭니다.

레프 니콜라예비치 톨스토이가 말했습니다.
"사랑이란 많은 사람들 가운데
한 남자와 한 여자를 선택하고,
그 밖의 모든 사람들은 절대로 돌아보지 않는 것이다.
그런데 그 마음은 대체 언제까지 지속되어야 하는 걸까?
한 달? 이틀? 아니면 30분?"

오해

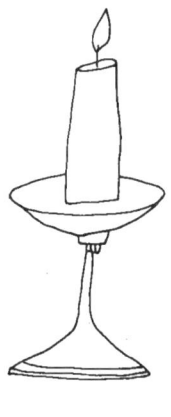

왼쪽으로 가는 여자

참으로 긴 밤이었습니다.
여명을 느끼며 나도 서둘러 생각을 마무리합니다.
'그래, 당분간 연락하지 말자. 그렇게 하자!'
이제 내 휴대전화는 먹통입니다.
그 누구와도 통화가 되지 않을 것입니다.
'이런 시위가 과연 통할까?'
내가 참 초라하게 느껴집니다.
'내가 이 남자를 좋아하기는 하나 보다.'
분하지만 이런 인정도 하게 됩니다.
사실 따져보면 그리 화낼 일도 아닙니다.
나 혼자 '남자에게서 전화가 오겠지' 미루어 짐작하고는
휴일을 텅 비워두었다가 바람을 맞은 것이고,
남자는 휴일에 나를 만나기로 한 약속이 없었으니
혼자 볼일을 본 것뿐입니다.
그런데 그게 나를 화나게 합니다.
내게도 휴일에 만나자는 친구가 있었습니다.
그렇지만 나는 딱히 약속이 없었음에도 불구하고,
'미안하다. 만날 사람이 있어.'
거절했습니다.
그러곤 휴일에 해야 할 일들도 미리미리 당겨서
다 해놓았습니다.
휴일은 당연히 나와 남자의 몫입니다.
하지만 남자는 나와 달랐습니다.
휴일인데 종일 연락이 없습니다.

이번 주말에는 만날 수 없다고 양해를 구한 적도 없었는데.
그 때문에 나는 종일 휴대전화가 꺼져 있는 것은 아닌지를
반복 확인해야만 했습니다.
그러다 지쳐 '심심한데 우리 영화나 한편 볼까?'
문자 메시지를 보내고 나서야 남자와 연락이 닿았습니다.
'지금 친구들한테 붙잡혀 있는데……?'
정말 성의 없는 문자 메시지.
겁도 없이 이런 문자 메시지를 보내놓고는
남자는 친구들과 헤어졌다며 늦은 밤 나를 불러냅니다.
난 거짓말을 합니다.
"친구랑 영화 보고 들어왔더니 너무 피곤하네."
하지만 내가 하고 싶었던 말은 이 말이 아닙니다.
'나는 시간 날 때 만나는 존재가 아니라
없는 시간을 내서라도 꼭 만나고픈 소중한 존재이고 싶다구!'
바로 이 말입니다.

니농 드 랑클로가 말했습니다.
"여자의 젊음 나눌 때는 군대를 지휘하는 것보다
더 많은 재치가 필요하다."

오른쪽으로 가는 남자

"이번 주 휴일에 모이기로 했다."
다음 달에 결혼하는 친구가 결혼할 여자를 정식으로
소개시켜주는 자리를 만들었습니다.
그런데 왜 하필 휴일인지…… 반갑지가 않습니다.
그렇다고 여자에게 같이 나가자고 하기도 좀 그렇습니다.
여자가 부담스러워할 것입니다. 그래서 이렇게 하기로 했습니다.
친구들과는 점심 식사를 같이하고 여자하고는 저녁을 같이 먹기로.
단, 친구들과 언제 헤어질지 모르니 여자를 만날 시간은
그때 가서 정하기로. 이렇게 정하기를 얼마나 잘했던지,
난 늦도록 친구들과 같이 있어야 했습니다.
물론 중간에 빠져나오려고 시도는 했습니다.
그러나 눈치 빠른 녀석들이 내 발목을 잡고 늘어집니다.
'심심한데 영화나 볼까요?' 여자에게 문자 메시지가 왔을 때,
'이리로 오라고 해볼까?' 말해보고도 싶었지만 꾹 참았습니다.
그렇게 꾹 참은 마음을 끌어안고 버티다 종일 집에만 있는
여자에게 너무 미안하고, 또 보고 싶은 마음도 커서
결국은 친구들과 끝까지 같이 있지 못하고 여자네 집으로
달려갔습니다. 여자네 집 근처에서 전화를 했는데
늦은 시각이라 잠이 들었는지 여자는 전화를 받지 않습니다.
마지막으로 한 번만 더 걸어보자 했을 때 드디어 받았습니다.
'친구랑 영화 보고 들어왔더니 너무 피곤해!'
그런데 피곤한 목소리가 아니라 화난 목소리입니다.
순간, 불안함이 엄습해옵니다.
'내가 또 무엇을 잘못한 걸까?'

나쁜 남자

왼쪽으로 가는 여자

귀로는 친구의 이야기를 듣고 있지만 정신은 딴 데 가 있습니다.
나는 5분 간격으로 휴대전화를 들여다보고, 친구는 그런 나를
아까부터 이상하게 여기더니 급기야 무슨 일이 있느냐고 묻습니다.
"아니, 아무 일 없어."
"뭐가 아니야. 아까부터 너 줄곧 휴대전화만 들여다보고 있잖아."
'실은 오늘 남자에게 문자 메시지를 다섯 개나 보냈는데
답장이 안 온다.'
이렇게 이야기하고 싶은 걸 꾹 참고, 딴소리를 합니다.
"잠시 내 친구가 한 말을 생각하고 있었어.
그 친구 하는 말이, 남자에게서 전화가 뜸하게 올 때를
조심하라고 했거든."
"왜? 오늘 전화 통화 못했어?"
"아니. 그런 건 아니고. 휴대전화를 보니까 그 친구 말이 떠올라서.
근데 너도 그렇게 생각하니? 남자가 문자 메시지를 씹고,
전화도 받지 않으면 싫어진 거라고 생각해야 하는 거야?"
"당연한 거 아닐까?"
그런 걸까? 아니, 바빠서 못할 수도 있는 거고,
휴대전화 배터리가 방전된 것일 수도 있고,
휴대전화가 잘 터지지 않는 곳에 있는 것일 수도 있고,
휴대전화를 집에 두고 나왔을 수도 있고,
휴대전화 꺼둔 걸 깜박 잊을 수도 있는 거지…….
이런저런 변명을 늘어놓는데 친구가 잔인하게 한마디 던집니다.
'마음만 있어봐라. 산골 오지에서도 달려나와 전화하지!'

오른쪽으로 가는 남자

군대에서 휴가 나온 친구를 만났습니다.
그사이 여자에게서 다섯 번이나 문자 메시지가 왔습니다.
'지금 뭐 해?' '친구하고는 헤어졌어?' '피곤하지 않아?'
'이제 그만 집으로 들어가지.' '왜 답장이 없어?'
답장을 하지 않는 이유는 없습니다. 그냥…… 하지 않았습니다.
친구와 헤어지고 집으로 가는 길.
어디선가 보고 있는 듯 여자로부터 때맞춰 전화가 걸려오고,
난 받을까 말까 망설이다 받습니다.
그로부터 집에 도착할 때까지 여자는 전화를 끊지 않았습니다.
내가 서너 번쯤 전화를 끊으려 하다 말았을 뿐.
전에는 내가 전화만 하면 쌀쌀맞게 받던 여자입니다.
그래서 전화 한 통화 하려면 대여섯 차례씩 심호흡을 했는데…….
그랬던 여자가 이젠 시도 때도 없이 문자 메시지를 보냅니다.
여자에게서 처음 문자 메시지를 받았던 날이 기억납니다.
절대로 먼저 전화 거는 법이 없던 여자가 처음으로
내게 전화를 걸었던 날, 너무 흥분되어 제정신이 아니었습니다.
'그랬던 여자가…….'
난 휴대전화를 진동으로 바꿔놓고
잠시 휴대전화로부터, 아니 그녀로부터 벗어나기로 합니다.
전원을 끄지 않고 진동으로 바꾼 까닭은
나중을 위한 변명입니다.
휴대전화를 꺼놓은 것과 받지 못한 것의 차이는 큽니다.
순간, 친구가 한 말이 스칩니다.
"그 정도면 애정이 아니라 집착이다."

시몬 드 보부아르가 말했습니다.
"남자는 여자가 모든 것을 바치기를 바란다.
그러나 여자가 모든 것을 바치고
평생 동안 헌신적인 모습을 보이면
남자는 그 무거운 짐 때문에 괴로워한다."

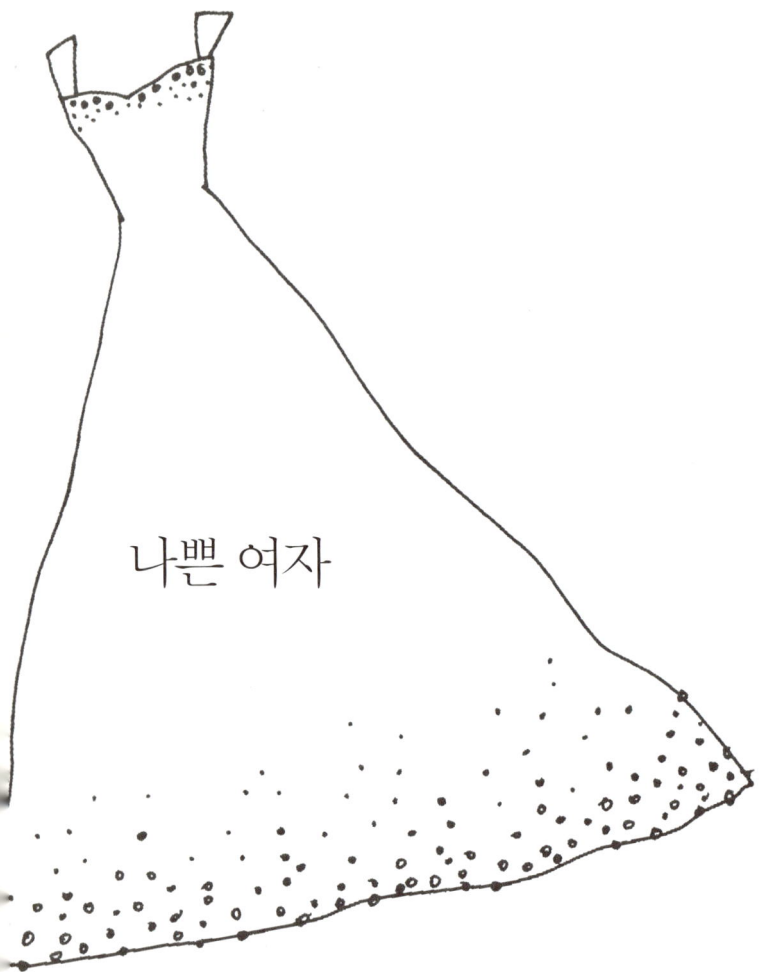

나쁜 여자

왼쪽으로 가는 여자

나는 오늘도 '그 남자'의 전화를 기다립니다.
그러면서 나는 '다른 남자'에게 전화를 겁니다.
내가 기다리는 것은 '그 남자'의 문자 메시지.
그러나 내게 문자 메시지를 보내주는 남자는
늘 '다른 남자'입니다.
'그 남자'가 그리울 때마다 그리움을 채워주는 '다른 남자'.

그래서 나는 늘 '다른 남자'에게 미안합니다.
문자 메시지를 받으면 미안해하면서 답장하고,
만나자고 하면 미안해하면서 만나러 갑니다.
가슴에는 '그 남자'를 품은 채.
내가 다른 남자에게 문자 메시지를 보낼 때는
그 남자에게 문자 메시지를 보내고 싶을 때.
다른 남자와 함께 영화를 보고 식사를 할 때도
실은 그 남자와 함께 영화를 보고 식사를 하고 싶을 때.
"너 정말 나쁘다! 아주 나빠. 너의 그 다른 남자는 정말 불쌍하고!"
보다 못한 친구의 모진 충고. 인정합니다.
그래도 어쩔 수가 없습니다.
"그 불쌍한 남자는 네가 다른 남자를 좋아하는 걸 알면서도
그렇게 잘하는 거니?"
"아마 그럴걸!"
다른 남자의 심정 따위는 관심 없습니다.
내겐 오직 그 남자뿐입니다.
지금도 나는 간절히 그 남자를 원합니다.
'그 남자'를 원하는 이 마음을
오늘도 나는 '다른 남자'로 대신합니다.
그 남자와는 안 되는 게 다른 남자와는 잘됩니다.
전화 걸기도 쉽고, 말도 잘하고, 부탁도 잘합니다.
"오늘 영화나 한 편 볼까? 예매 좀 해줄 수 있지?"
남자는 역시나 거절하지 않습니다.
나를 거부하지 않는 사람, 언제든 나를 받아주는 사람.
그 남자가 이래주면 얼마나 좋을까?

오른쪽으로 가는 남자

대체 무슨 인연일까.
이 여자와는 도대체 어떤 인연인지 모르겠습니다.
무슨 인연이어서 이 여자에게만큼은 꼼짝할 수가 없는 건지.
여자가 제멋대로 굴어도 화가 나지 않습니다.
여자의 가슴에 '어떤 남자'가 있는 걸 알면서도 만나게 됩니다.
그걸 아는지 모르는지조차 전혀 관심 없고,
더러는 함부로 대하고 가끔은 무시하는 여자에게
등이 돌려지지 않습니다.
나 혼자 지금까지 아마 열 번도 더 넘게
여자와 이별을 했을 겁니다.
'이제 더는 끌려다니지 말자.'
'이젠 정말 그만 만나자.'
'이제 더는 내가 먼저 연락하지 말자.'
이러다가도,
"요즘 왜 그렇게 연락이 없는 거야? 시간 되면 나하고
영화나 한 편 보자."
여자에게 불쑥 전화라도 오면
나는 또 거절 못하고, 심지어 선약까지 취소하고 달려나갑니다.
그때마다 실낱같은 희망을 품으면서.
하지만 실낱같은 희망은 만나자마자 번번이
물거품 되어 사라집니다.
그렇다면 비참해야 되는데, 나는 행복합니다.
나를 불러주었으니까.
그래도 더는 혼자만의 사랑을 하고 싶지 않아서,

이건 너무 쓸쓸한 일이어서,
모질게 마음먹고 한 달 동안 연락하지 않았습니다.
오늘로 딱 한 달째입니다.
내가 연락 안 한 지 한 달이 되었다는 것은 알고 있을까……
쓸쓸합니다. 그런 내게,
여자는 마치 어제 만났다 헤어진 사이처럼 전화를 합니다.
"오늘 영화나 한 편 볼까? 예매 좀 해줄 수 있지?"
나는 냉큼 영화표를 예매합니다.

가을 힐터가 말했습니다.
"여자는 자기 자신을 원하는 남자는 원하지 않는다.
오히려 약간 냉담한 태도를 보이는 남자를 원한다."

이기심

왼쪽으로 가는 여자

"오늘도 바빠요?"
"응."
"만나서 차 한잔 마실 시간도 없어요?"
"요즘 내 형편이 좀 그래."
언제부터인지는 모릅니다.
그냥 어느 날부터인가 바쁘다는 말만 되풀이합니다.
그런 남자의 마음을 내 가슴이 읽어냅니다.
하지만 난 자꾸 외면합니다.
'아니야, 아닐 거야. 그럴 리가 없어. 내게 그럴 순 없어.'
남자에게 더는 아무런 느낌을 주지 못하는 존재,
남자의 마음을 알면서도 놓아주지 못하는 내가 싫어집니다.
'그래, 까짓것 헤어져주자.'
차라리 헤어져주자고 마음먹고 나니 홀가분합니다.
"우리 마지막으로 한 번만 만나요."

마지막이라는 말에 득달같이 달려나온 남자.
마지막이라는 말에 갑자기 한가해진 남자.
그런 남자 앞에서 차마 먼저 '이별'이란 말을 입에 담을 수 없어
"우리 두 사람, 서로에게 할 말이 있지 않나요?"
남자에게 이별을 얘기할 기회를 줍니다.
그러면서도 초라하게 내 짐작이 틀릴 수도 있다는 생각은
왜 하는 건지.
남자는 이별을 기다려온 사람처럼 말합니다.
"결혼은 할 수 있어.
하지만 그건 사랑해서 하는 결혼이 아니라,
책임감 때문에 하는 결혼이 되겠지.
그렇게 되면 아마 나보다 네가 더 불행할 거야."
약이 오릅니다.
'그래도 상관없어. 날 사랑하지 않아도 괜찮아.
평생 불행하다고 해도 할 수 없어.
모든 걸, 내가 널 사랑한 대가라고 생각할 거야'라고 말해버릴까?
그러면 어떻게 나올까? 저 남자.

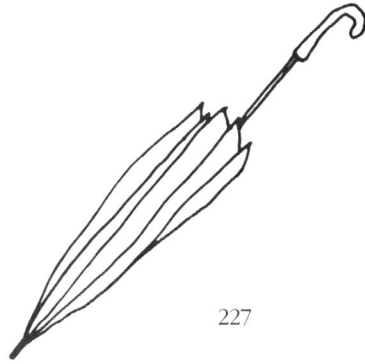

오른쪽으로 가는 남자

지금 나에게 벌어지는 상황을 어떻게 받아들여야 할지,
어떤 선택을 해야 할지,
마음이 서질 않습니다.
한 남자에게 상처받고 아파하던 여자가 있었습니다.
둥지에서 떨어진 어린 새처럼 안쓰러워 보이던 여자.
나는 그 여자를 조심스럽게 들어 올려 둥지 안에 넣어주었습니다.
그리고 말했습니다.
"그 사람처럼 너를 불행하게 하는 일은 절대로 없을 거야."
마음에 빗장을 지르고 살던 여자는 서서히 마음을 열었습니다.
그렇게 만나서 지금까지.
그렇기 때문에 나는 말 못합니다.
더 이상 너를 사랑하지 않는다는 말을 어떻게 할 수 있을까.
이런 내가 싫습니다.
하루에도 수십 번씩 마음을 돌려보려고 애를 씁니다.
그러나 이미 돌아앉은 마음은 꿈쩍도 하지 않습니다.
내 마음이, 내 마음대로 되지 않습니다.
그렇게 서서히 지쳐가고 있는 내게 마지막 만남을
이야기하는 여자.
여자에게도 내가 더 이상 아무런 느낌을 주지 못하는 존재라면
좋으련만.
그러나 여자는 그대로입니다.
나를 바라보던 예전 눈빛 그대로 나를 바라봅니다.
미안합니다.
그래도 미안해서 사랑할 수는 없는 법.

마음이 떠난 남자와의 결혼은 여자의 불행입니다.
나는 여자에게 말합니다.
당신을 위해 우리 이제 그만 헤어지자고.
그러자 여자가 말합니다.
"당신의 선택이 과연 날 위한 것일까?"

막스 슈티르너는 말했습니다.
"나는 연인을 사랑한다.
그래서 그 눈짓이
달콤한 명령에 복종한다.
하지만 그럴지라도
역시 그것은 이기심에서이다."

비로소,
마음이 보이다

> 왼쪽으로 가는 여자

어렵게 만든 혼자만의 시간.

지금부터 나는

그 누구에게도 방해받지 않고, 시간에 구애받지 않고,

나와 남자의 관계를 정리해볼 겁니다.

지금의 나,

예전의 나와 참 많이 다릅니다.

무엇보다도 남자를 만나러 가는 일이 신이 나질 않습니다.

남자에게 걸려오는 전화를 받을 때도 떨리지를 않습니다.

하루 중 남자를 생각하는 시간 역시 전보다 덜합니다.

남자의 전화를 기다렸다가 받는 게 아니라,

남자에게 전화가 걸려오면 받습니다.

남자와 만날 날을 손꼽아 기다리지도 않고

그저 남자가 만나자고 하면 '알았다'고 합니다.

'뜨거웠던 내 사랑이 식은 걸까?'

'아니면 미안해서? 착잡해서일까?'

3년 전입니다. 한 남자를 사랑하게 되었습니다.

내가 먼저 시작한 사랑.

남자는 오래도록 나를 돌아보지 않았습니다.

"너희 두 사람은 어울리지 않아."

뭇사람들이 하는 이야기도 무시했습니다.

사랑은 내가 하는 것이지, 남이 하는 게 아니니까.

행복하게도 1년쯤 지나자 남자도 나를 사랑하기 시작했습니다.

"왜 그렇게 나를 애태웠어요?"

그땐 이 말도 행복하다는 말이었습니다.

남자가 애를 태울 땐 이 말조차 할 수 없었으니까.
그랬던 내가 이젠 예전과 다른 나의 마음 때문에 애가 탑니다.
3년 전,
아무리 나를 바라보라고 소리쳐 외쳐도 바라보지 않았던
남자가 처음으로 이해됩니다.
'이제 어떻게 해야 하나? 헤어져야 하나?
이대로 계속 만나야 하나?'
그믐달처럼 사그라진 사랑을 붙들고 그만 마음이 아파 옵니다.

생텍쥐페리는 말했습니다.
"행복한 사랑과 슬픈 사랑은 참으로
대조적인 것처럼 보이지만 그 둘이 하나일 수
있다는 것은 오직 사랑만이 보여줄 수 있는 기적이다.
진정한 사랑은 대가를 바라지 않는다.
나는 사랑으로 완성되고 사랑은 나로 인해 완성된다."

오른쪽으로 가는 남자

사랑하지 않을 때는 여자의 마음이 보이지 않았습니다.
그런데 사랑을 하자 여자의 마음이 너무도 잘 보입니다.
바람이 몹시 부는 갈대밭 속의 갈대처럼
여자는 지금 흔들리고 있습니다.
흔들리는 사랑 때문에 마음을 잡지 못하고 있습니다.
 '이럴 때 나는 어떻게 해야 하나?
여자가 원하는 대로 해주어야 하나?
아니면 내 곁에 붙잡아두어야 하나?'
오늘도 고민합니다.
아마 흔들리는 여자는 내 마음이 잘 보이지 않을 겁니다.
나 역시 그랬으니까.
그래서 더 마음이 아픕니다. 난 이미 눈치 챘는데
여전히 나를 사랑하고 있는 것처럼 행동하는 여자가 애처롭습니다.
여자는 지금 사랑을 연기하고 있습니다. 화가 납니다.
이렇게 사그라질 사랑이라면
처음부터 나를 사랑하지 말았어야 했습니다.
당신이 먼저 시작해놓고 이러는 법은 없다며 따지고 싶습니다.
하지만 나는 이제 여자에게서 배우의 굴레를 벗겨주려고 합니다.
여자와의 사랑으로 인해 알게 된 것이 있습니다.
두 사람이 하는 사랑이란 시작과 끝이 같을 수 없다는 것,
어느 한 사람에게 책임을 물을 수 없다는 것.
그래서 잘 헤어지고 싶습니다.
여자 또한 자기 마음을 자기 의지대로 할 수 없을 거라는 걸 알기에
헤어지려는 여자를 도와주려고 합니다.

사랑이란 행동하는 것

왼쪽으로 가는 여자

'어쩌다 이렇게 되었을까?'
지금 내 안엔 두 남자가 있습니다.
그때부터가 아니었나 싶습니다. 까닭 없이 무척 외로웠던 그날.
남자에게 만나줄 수 있느냐고 물었다가 거절당한 바로 그날.
그래서 딴 남자를 만났던 그날.
나는 남자에게 만나자는 말을 먼저 하지 못합니다.
그래서 내 딴에는 참 힘들게
"지금 나와줄 수 있어요?" 한 것이었는데,
남자는 모처럼 동창들과 함께 어울리고 있다며
다음 날 만나자고 했습니다.
'내게 당신이 필요한 건 내일이 아니라 오늘, 바로 지금이라구요.'
사랑한다는 말도 다 거짓말입니다.
무슨 사랑이 상대방의 기분 따위도 눈치를 못 채는지.
대신 '언제든 불러만 줘요',
늘 이렇게 말하는 딴 남자를 불러냈습니다.
딴 남자는 거두절미하고 딱 한 가지만 묻습니다.

"거기가 어딘데요?"
지금은 곤란하다고도 하지 않고,
그곳까지 가려면 한 시간은 족히 걸리는데
그럼 너무 늦지 않겠느냐고도 하지 않고,
왜 그러느냐고, 무슨 일이냐고 묻지도 않고,
"거기가 어딘데요?"
딱 하나만 물어봅니다.
그날 얼마나 고마웠는지 모릅니다.
그날 그 남자는 한 시간이 지나서야 도착했습니다.
그 얘긴 나 있는 곳에서 제법 멀리 있었다는 의미입니다.
참 고마웠습니다.
그날 이후 외롭고 허전해서 누군가가 필요할 때면
남자가 아닌 딴 남자에게 전화를 거는 습관이 몸에 밴 것 같습니다.
'그래, 맞아. 그날 이후부터였어.'
나는 오늘도 여전히 바쁠 남자에게 전화를 겁니다.
'나, 할 이야기가 있어요. 오늘은 바쁘더라도 좀 만나줘요.'

오른쪽으로 가는 남자

여자가 만나자고 합니다.
사흘 전에 만나 영화도 보고 식사도 같이했는데,
왜 또 만나자고 하는지.
하긴 습관입니다.
나와는 달리 감수성이 예민한 여자는 뜬금없이,
"나 오늘 무지 울적한데 좀 만나줄래요?"
할 때가 있습니다.
처음에는 그럴 때마다 만사 제쳐두고 나갔었는데
막상 나가보면 아무 일도 없습니다.
한번은 산더미처럼 쌓여 있는 일을 밀쳐두고,
늦은 시각에 만나자는 여자가 걱정되어 달려나갔다가
얼마나 후회했는지.
여자는 그러고 뛰어나간 나를 불러놓고는
말없이 한 시간쯤 앉아 있다가
"우리 이제 그만 가요."
이렇게 말해 나를 팔짝 뛰게 합니다.
아마 그날부터일 겁니다.
울적하고, 착잡하고, 심란하다면서 만나자고 해도
한가할 때가 아니면 나가지 않았던 것이.
그런데 지금은 아침입니다.
아침에 만나자고 한 적은 처음.
왠지 예감이 좋지 않습니다.
그러고 보니 불쑥 전화를 걸어서 무조건 나오라고 하는 것도
제법 오래된 것 같습니다.

더더군다나 여자의 목소리에도 어딘지 모르게
비장함이 배어 있습니다.
하지만 그래도 아닐 겁니다.
사흘 전에도 만나 예전 모습 그대로
함께 영화도 보고, 식사도 했었으니까.

빅토르 위고가 말했습니다.
"사랑하는 것,
그것은 행동하는 것이다."

참된 연애, 참된 사랑

왼쪽으로 가는 여자

나는 이상이 현실보다 높습니다.
사람들이 "아버지가 무슨 일을 하나요?" 물으면,
어깨를 펴고 당당히 말하고 싶지만 현실은 그렇지 못합니다.
누가 "어디에 사나요?"라고 물으면,
사는 동네 이름을 또박또박 말하고 싶으나 현실은 그 반대입니다.
그래서 난 소개받은 남자가 집에 데려다 주겠다고 할 때가
제일 싫습니다.
"어느 대학 나왔어요?" 묻는 것도 싫어합니다.
1초도 주저하지 않고 말하고 싶지만
현실은 날 머뭇거리게 만드니까요.
그래서 나의 꿈은 신데렐라입니다.
대학을 졸업하자마자 들어간 작은 회사.
난 그곳에서도 신데렐라를 꿈꾸며 일했습니다.
사장은 그런 나를 예뻐했고,
현실에 적응하지 못하고 방황하는
자신의 아들과 내가 사귀기를 원했습니다.
사장의 아들이 어떤 사람인지는 하나도 궁금하지 않았습니다.
'사장의 아들', 이것만으로 충분합니다.
그러니까 내겐 사장 아들과의 데이트도 회사 일과 같습니다.
회사 일을 하듯 열심히 그 남자를 만났습니다.
그러기를 2년째. 이제 결혼만 남았습니다.
그 어느 때보다 보름달처럼 꽉 찬 마음이어야 하는데
이상한 일입니다.
요즘 들어 부쩍 마음이 허전합니다.

남자를 만나면 만날수록 결혼하고 싶은 게 아니라
사랑이 하고 싶어집니다.
내가 어느 대학을 나왔고, 어디에 살고,
아버지가 무슨 일을 하든 상관없이
나를 사랑해주는 남자를 만나고 싶습니다.
그 때문일까?
나도 모르게 그만 이렇게 묻고 말았습니다.
"나, 사랑해요?"

앙드레 지드가 말했습니다.
"사랑을 하는 자의 첫 번째 조건은
그 마음이 순결해야 한다.
상대방의 인격을 존중하지 않고는
진실한 연애라고 할 수 없다.
그리고 그 마음과 뜻이 흔들림이 없어야 한다.
신 앞에서도 부끄러움이 없고 동요함이 없어야 한다.
동시에 대담성이 있어야 한다.
장애에 굴하지 않는 용기를 지녀야 한다.
이와 같은 조건이 갖추어졌다면,
그것은 참된 애정이고 진실한 연애이다."

오른쪽으로 가는 남자

결혼을 전제로 만나온 여자가 있습니다.
그 여자가 느닷없이 자기를 사랑하느냐고 묻습니다.
선뜻, 대답이 나오질 않습니다.
사실 이 여자는 아버지가 선택한 여자입니다.
여자 역시 아버지 때문에 나를 선택했습니다.
아버지의 그림자를 벗어날 수 없다는 것을 알기에
난 이 여자를 만났고, 여자 역시 자신의 울타리를
벗어나기 위한 수단으로 나를 만났습니다.
아무리 노력해도 자수성가한 아버지의 마음을 흡족하게
할 수 없는 나. 아버지에게서 한 여자의 이야기가 흘러나왔을 때
무조건 아버지의 뜻을 따르기로 했습니다.
그렇게 만났는데 이상하게도 여자는 내 마음을 설레게 했습니다.
그래서 여자를 만나러 가는 것이 기뻤고,
무슨 연유로 이 여자가 나를 만나주고 있는지 따위는
문제되지 않았습니다. 어쩌면 이런 내 마음이 전해져서
지금 이 여자가 자기를 사랑하느냐고 묻고 있는지도 모릅니다.
아니 어쩌면, 이런 마음이 고스란히 옮겨가서
여자도 나를 사랑하게 되었는지 모릅니다.
만약 이 여자가 나를 사랑하게 되었다면……?
내가 원하는 일이 이루어진 거니까 가슴 벅차게
행복해야 할 일입니다.
하지만 나는 여자가 묻는 말에 선뜻 대답하지 못합니다.
이 여자가 왜 나를 만나기 시작했는지,
그 이유를 너무도 잘 알고 있기 때문입니다.

남자와 여자의 방식

왼쪽으로 가는 여자

커피 전문점에서 남자를 만나기로 했습니다.
조금 늦은 터라, 당연히 남자가 먼저 와 있을 줄 알았습니다.
그러나 남자는 보이지 않습니다.
늦은 게 미안해서 힘에 부칠 만큼 뛰었던 게 조금 억울합니다.
그러다 구석진 자리에서 눈에 익은 남자의 노트북을 발견합니다.
억울함이 가시고 다시 미안해집니다.
아마 기다리다 잠시 자리를 비운 것 같습니다.
남자의 자리에 앉아 전원이 켜져 있는 노트북을 들여다봅니다.

아이디는 알고 있지만 비밀번호는 모릅니다.
의미심장하게 내 생일 날짜를 입력합니다.
내 비밀번호가 남자의 생일 날짜입니다.
하지만 '로그인 실패'.
마치 셋을 주고 하나만 얻은 것처럼 손해를 본 느낌입니다.
그사이 남자가 왔습니다.
손해 본 것 같은 마음을 감추며 묻습니다.
"비밀번호가 뭐야?"
남자는 아무렇지도 않게 비밀번호를 알려주며
내게 줄 커피를 주문하러 갑니다.
그사이 나는 남자의 메일함을 엽니다.
그동안 내가 보낸 메일은 삭제되어 없고,
며칠 전에 보낸 메일 한 통만 달랑 남아 있습니다.
남자가 돌아와 커피를 건네며 말합니다.
"네 메일함도 공개해야 공평한 거 아닌가?"
내 메일함에는 그동안 남자가 보낸 메일이
차곡차곡 저장되어 있습니다.
거기다 남자의 생일이 비밀번호입니다.
"싫어!"
내가 들어도 참 싸늘한 목소리가 흘러나옵니다.

> 오른쪽으로 가는 남자

여자가 집까지 데려다 주겠다는 나의 배려를
끝까지 거절하고 혼자 갑니다.
전에 없던 일입니다.
여자가 혼자 갈 때는 다투고 헤어질 때뿐인데,
오늘은 다투지도 않았습니다.
혼자 집으로 돌아오며 곰곰이 생각에 잠깁니다.
메일함 비밀번호를 물어볼 때까지만 해도 얼굴이 밝았었는데……
혹시 메일함에 오해의 소지가 될 만한 편지가
들어 있었던 건 아닐까?
아니, 그럴 일은 없습니다. 그럴 만한 게 없습니다.
그래도 혹시나 싶어 집에 오자마자 노트북부터 켭니다.
예상대로 여자의 기분을 상하게 할 만한 것이 없습니다.
그런데 왜 냉랭해져서 혼자 간다고 했을까?
나는 문자 메시지를 보냅니다. 벌써 잠이 들었는지 답이 없습니다.
답이 없어도 그다지 크게 신경은 쓰이지 않습니다.
그만큼 믿는 사이가 되었다는 뜻일 겁니다.
예전엔 답장이 조금만 늦어도
'날 피하는 걸까? 문자 메시지를 거절하고 싶은 건 아닐까?'
불안했는데.
아무래도 내일은 여자가 보고 싶어하는 영화를
한 편 같이 봐야겠습니다.
예매도 할 겸 모처럼 인터넷 서핑을 합니다.
문득, 여자의 메일함 비밀번호를 알아두지 못한 게 아쉽습니다.
이제 여자는 수시로 내 메일함을 드나들 수 있는데 말입니다.

그 어느 날보다도 우리 둘 사이가 가까워진 날 같습니다.
흐뭇합니다. 아직 답장은 없지만 내친김에 여자에게
메일이나 한 통 보내야겠습니다.
지금까지 살아오면서 내가 가장 잘한 일이
그대를 만난 거라는 이야기를 전하고 싶습니다.
그런데,
그런데……
내 메일함은 이미 로그인이 되어 있습니다.

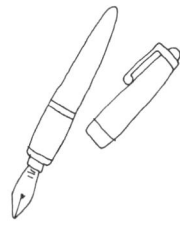

매리앤 제이 러가토가 말했습니다.
"남자와 여자는 우선순위로
생각하는 관심사가 다르고
그에 대해 이야기하는 방식도 다르다."

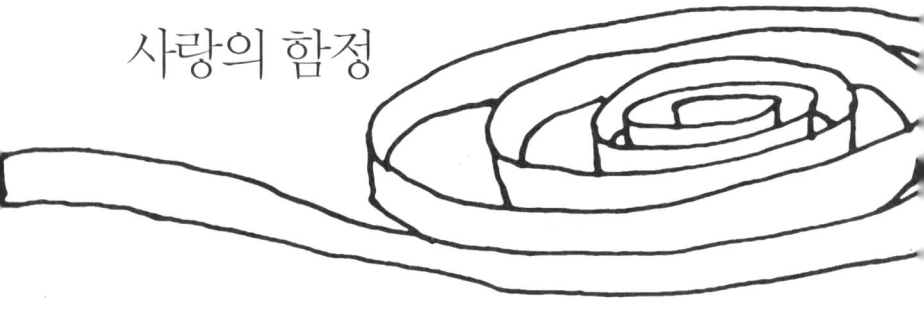

사랑의 함정

왼쪽으로 가는 여자

"왜 결혼 안 해?"

제일 듣기 싫은 질문입니다.

사람들은 왜 그렇게 자꾸 물어보는지.

그리고 그 남자는 왜 자꾸 뒤로 미루는지.

연애 기간이 너무 길면 안 된다는 말에

마음이 흔들리는 건 아닙니다.

그러나 아직도 결혼 이야기를 꺼내지 않는

남자의 태도는 날 불안하게 합니다.

사실 나에 대한 마음만 변함없다면 결혼은 늦어져도 상관없습니다.

단지, 혹시 딴마음을 품고 있어서?

나와의 결혼에 확신이 없어서?

결혼을 꺼리는 건 아닐까 하는 의심은 가끔 듭니다.

그러다가도 남자를 만나면 의심이 싹 가십니다.

그래서 이따금씩 다른 사람들을 팔아 남자 마음을 살짝 떠봅니다.

"그 친구가 우리보고 왜 결혼하지 않느냐고 묻던데?"

그랬더니 한번은 말없이 웃고,

한번은 "천막 치고 살 수는 없잖아" 애매모호하게 대답했고,

엊그제는 "내가 변변치 못해서 그렇지"라고

모호한 대답을 남겼습니다.

'나도 날마다 당신과 결혼하는 상상을 해보곤 해.

하지만 자그마한 전셋집이라도 마련하고 시작하는 게

나을 것 같아서 그러니 조금만 더 기다려줘.'

내가 듣고 싶은 대답은 이렇게 구체적인 대답인데,

이렇듯 구체적인 남자의 마음인데.

오른쪽으로 가는 남자

5년을 사귀어온 여자가 있습니다.
처음 한두 해는 그저 좋기만 하더니
3년째부터는 슬슬 부담스럽습니다. 결혼 때문에.
여자가 싫어진 건 절대 아닙니다.
결혼하고 싶은 여자임에는 틀림없습니다.
다만, 결혼할 준비가 안 된 상태에서
결혼하고 싶은 여자를 만났을 뿐입니다.
딱 한 번,
이 여자와 헤어지려고 한 적이 있습니다.
바로 '이 여자와 결혼하고 싶다'는 생각이 들던 날입니다.
이 여자와 결혼하고 싶다는 생각이 들자마자 곧바로
나보다 더 나은 조건의 남자를 만날 수 있는
여자라는 생각이 들었고, 이후로 여자를 볼 때마다
마음이 천근만근 무거워져서 차라리 헤어질까? 했었습니다.
그러다 결심했습니다.
은행에 다니는 친구의 도움을 받아 구체적인 계획을 세웠습니다.
내년이면 자그마한 전셋집을 구할 수 있을 것 같습니다.
그게 여자를 사귄 지 2년째 되던 해니까 올해로 만 3년이 됩니다.
가끔 이런 내 계획을 여자에게도 들려주고 싶지만 꾹 참습니다.
그사이 여자에게 다른 남자가 생길 수도 있고,
만약 그 남자가 나보다 조건이 낫다면
기꺼이 보내주고 싶습니다.
나로 인해 여자가 불행해지는 것을 원치 않습니다.
하지만 다행히 여자는 여전히 내 곁에 있습니다.

그래서 가끔은, 아주 가끔은 이렇게 묻고 싶을 때도 있습니다.
"나와 결혼할 마음이 있어서 만나는 거야?
아니면 딱히 만날 사람이 없어서 내 손을 놓지 않는 거야?"
그러다 여자를 만나면 미안해집니다.
나를 쳐다보는 눈빛이
5년 전 그 눈빛 그대로이기 때문입니다.

프리드리히 니체가 말했습니다.
"두려운 것은 사랑이 깨지는 것보다
사랑이 변하는 것이다."

문제를
해결하는 방법

왼쪽으로 가는 여자

문을 열고 나오니 여름 바람이 후끈합니다.

지금 내 속과 똑같습니다.

어머니는 이런 내 속도 모르고 연애도 못한다며 나무라십니다.

결혼을 미루는 일이 왜 야단맞아야 하는 일인지.

연애를 못하는 게 아니라 결혼을 못하는 것인데 말입니다.

머리가 지끈거립니다.

그렇다고 아직 일자리를 구하지 못한 남동생에게

부모님을 맡기고 떠날 순 없는 노릇.

넉넉지 못한 집안 형편 때문에,

직장 생활을 한 지 5년이 넘었는데

모아놓은 돈이 얼마 되지 않습니다.

그런 줄도 모르고 어머니는······.

답답한 마음에 밖으로 나왔지만 갈 곳이 없습니다.

남자를 만나러 갑니다.

남자를 만나 생맥주를 마시며 하소연을 늘어놓습니다.

속만 더 까맣게 타들어갑니다.

까만 내 속을 보여주는데도 남자는 무덤덤합니다.

그러더니 대책 없이 결혼을 서두르자고 합니다.

"내 말뜻은 그런 게 아니라······."

"그럼 무슨 뜻인데?"

순하게 묻는 남자.

나는 위로와 격려하고는 도무지 거리가 먼 남자를 바라보며

중얼거립니다.

'그냥 내가 하는 말을 듣고만 있어도 되는데······.'

오른쪽으로 가는 남자

기온이 족히 섭씨 35도 정도는 될 것 같습니다.
내 속도 이만큼은 뜨거울 것 같습니다.
뜨거운 열기에 밖으로 나온 것이 후회스럽기는 하였으나
그래도 집보다는 밖이 나을 것 같습니다.
어머니가 친구 아들 결혼식에 다녀온 뒤로
부쩍 결혼 이야기를 많이 하십니다.
지난달,
여자친구와 함께 그녀 친구의 신혼집을 다녀온 적이 있습니다.
그날,
다른 것은 보이지 않고
전셋집이라고 했던 그 집만 눈에 들어왔습니다.
지금 결혼하게 되면 아마 나는
그 집의 절반도 채 못 되는 집을 구해야 할지 모릅니다.
어머니는 이런 내 속도 모르고
무조건 결혼만 하라고 다그치십니다.
동생도 아직 대학생이고,
동생의 등록금 마련도 아직 내 몫이거늘.
맥주 두 캔을 사서 한강 둔치로 향합니다.
그때 여자에게서 전화가 왔습니다.
발길을 돌려 여자를 만나러 갑니다.
만나자마자 여자는 자신의 어머니와 형제들 이야기를 쏟아냅니다.
하지만 내 속이 꽉 차서 여자의 말을 담아줄 공간이 없습니다.
사랑하고 그래서 결혼하고픈 여자의 이야기를 듣고도
나는 아무것도 해줄 수가 없습니다.

그저 무덤덤하게 들어줄 뿐.
그러다 문득 지난밤에 사둔 로또 복권이 생각납니다.
그만 "우리 결혼하자!" 해버렸습니다.
나도 참 대책 없는 놈입니다.

앨런 & 바버라 피즈는 말했습니다.
"당황하고 있는 여자를 상대할 때는
해결안을 제시하거나
그녀의 감정을 무시하는 발언을 하지 마라.
단지 당신이 정성껏 들어주고 있다는 것을 표시하라.
남자는 문제를 해결하기 위해 바위 위로 올라간다.
그러나 남자를 따라간 여자는
발길질만 당한 채 그 바위에서 내려오게 될 것이다."

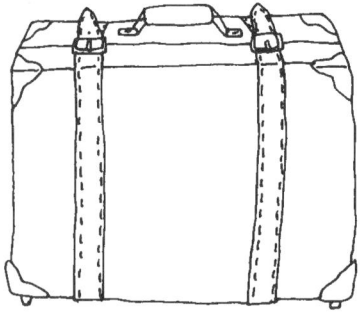

지우다

헤어지고 나서야……

왼쪽으로 가는 여자

헤어지고 나면 많이 힘들 줄 알았습니다.
하지만 생각보다 제법 잘 참고 있습니다.
"어! 생각보다 씩씩하네?"
남자와 헤어지고 속이 허전한 나를 위해
기꺼이 영화를 보러 나와준 친구.
생각보다 씩씩한 내 모습에 실망하는 눈치입니다.
남자 생각이 납니다.

영화관에 오면 꼭 팝콘부터 사러 가곤 하던 남자.
한 며칠 잘 잊고 지냈는데 생각납니다.
"우리 이제 그만 만나자."
남자는 헤어지자고 하면서도 미안해하지 않았습니다.
서운했습니다.
내가 더 많이 좋아해서 만났다고는 하지만
'지금까지 만나준 것만으로도
난 네게 미안해하지 않아도 된다.'
이렇게 쐐기까지 박고 떠날 필요는 없었습니다.
'잘못한 게 있으면 고칠게요.'
나는 전처럼 붙잡지 않았습니다.
나 혼자 남는 게
겁나고, 두렵고, 불안했지만
혼자 해보기로, 견뎌보기로 했습니다.
만약,
'네가 나를 좋아하는 것만큼 내가 널 좋아하지 못했던 거
정말 미안하다' 라고 했더라면
난 그를 떠나보내지 못했을 겁니다.
자기를 자기보다 더 많이 좋아해준 여자 앞에서
그 사랑을 무기 삼아 미안해하지도 않고
이별을 이야기하는 남자…….
그런 남자였기에 돌아설 수 있었습니다.
요즘 나는 철저히 혼자입니다.
홀로서기를 해볼 작정입니다.
생각보다 나쁘지 않습니다.

> **오른쪽으로 가는 남자**

홀가분해지고 싶었습니다.
"지금쯤 배고플 것 같아서요" 하며
먹을 걸 사들고 시도 때도 없이 불쑥 나타나는 여자.
"그런 회색 빛깔은 당신과 어울리지 않아요.
앞으로는 내가 골라주는 옷만 입어요."
이렇게 옷 입는 것까지 챙겨주는 여자.
"오늘은 그만 집에 일찍 들어가 쉬도록 해요.
난 괜찮은데 당신이 피곤해서 오늘은 만나면 안 돼요" 하면서
나를 돌려보내곤 하는 여자.
나보다 더 나를 좋아하는 이 여자와 헤어지고 나면
홀가분하고 개운할 줄 알았습니다.
난 나를 좋아하는 여자를 모른 척할 수 없어 만난 것이지
조금도 다른 이유가 있어 만난 게 아닙니다.
그러니 아무 때나 헤어지면 됩니다.
그래서 헤어지자는 말을 하면서도
그다지 마음이 아프거나 미안하지 않았습니다.
그런데 무슨 일인지 모르겠습니다.
자꾸만 휴대전화를 보게 됩니다.
헤어지자는 말을 한 순간에도
'이 여자의 마음이 어떨까?' 하는 생각 따위는
해보지 않은 나인데……
지금 말할 수도 없이 궁금합니다.
'지금 여자의 마음이 어떨까? 다치지는 않았을까?'
헤어지던 날,

말없이 돌아서 가버리던 여자의 뒷모습이 자꾸만 떠오르고,
마음도 어수선합니다.
전에는 며칠 지나면
'내가 당신한테 맞출게요……' 문자 메시지가 오곤 했는데
이번에는 아무 연락이 없습니다.
헤어지고 나서야 압니다.
내 24시간은 온통 그 여자의 것이었음을.

마르셀 프루스트가 말했습니다.
"괴로워한다는 것은
사랑을 알 수 있는
유일한 방법이다."

그리움

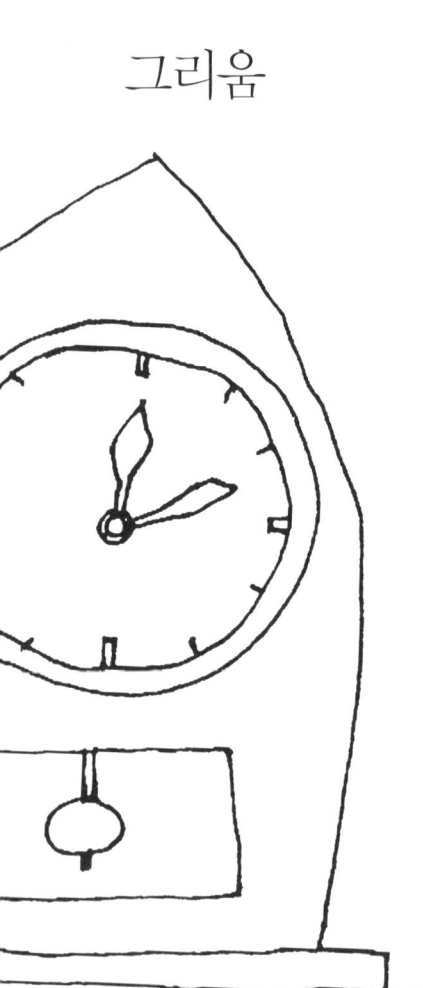

왼쪽으로 가는 여자

모두들 잠든 밤늦은 시각, 난 이런 시간을 좋아합니다.
내일이 오는 게 부담스럽지 않은 오늘 밤,
그래서 시간을 자유자재로 쓸 수 있는 밤을 사랑합니다.
뭘 할까 고민하다 메일함을 엽니다.
'현재 메일 용량의 93%를 사용 중입니다.'
메일함을 정리하다 1년 전에 보낸 남자의 메일을 발견합니다.
조금 일찍 만나지 못한 것을 아쉬워하며 떠나보낸 남자.
이젠 '1년만 늦게 만났더라면' 하는 아쉬움이 남는 남자.
이 남자를 처음 만났을 때 내게는 사귀는 남자가 있었습니다.
가슴앓이를 하다가 결국 나중에 맺은 인연,
이 남자를 떠나보냈습니다.
그땐 그게 옳은 선택이라고 믿었습니다.
그게 나와 어울리는 선택이라고 생각했습니다.
주고 싶은 만큼 주지 못하고 헤어진 남자.
'이 남자는 지금 이 밤을 어디서 어떻게 보내고 있을까?'
허공에 잠시, 남자의 얼굴을 그려봅니다.
이 남자를 떠나보내고 선택한 남자가
다른 여자를 사랑하게 되었다는 고백을 남기고 떠나던 날에도
나는 이 남자가 그리웠습니다.
'당신이 있었기에 그토록 냉정하게 이별하자는
남자 앞에서도 초라하지 않을 수 있었어요.'
나는 지금 혼자라서 참 다행이라고 생각합니다.
이 남자를 마음껏 그리워할 수 있으니까요.

오른쪽으로 가는 남자

'이 책을 드리고 떠납니다.
혹시 이 책을 더 이상 갖고 있고 싶지 않을 때가 생겨도
버리지는 말아주세요.
헌책방에서 이 책을 만나면 마음이 많이 아플 것 같습니다.'
늦은 밤, 여자가 주고 간 책을 펼칩니다.
어느 날 우연히 내 앞으로 온 여자.
지금도 혼자 있을 때면 불쑥 떠오르는 여자.
만약, 여자가 사귀는 남자를 떠나 나에게로 왔다면
지금처럼 그리워하지 않았을지도 모릅니다.
여자가 사귀는 남자 곁에 남겠다고 했을 때
'이 여자를 사귀고 있는 남자는 참 행복하겠구나.'
부러웠습니다.
'지금 이 여자는 어디서 무엇을 하고 있을까?'
허공에 그 여자의 시간을 그려봅니다.
비록 마음은 주지도 받지도 못했지만
이토록 아름답게 추억할 수 있게 해준 여자에게
난 늘 고맙습니다.
어디서든 우연히 한 번만이라도 만날 수 있기를 바라며
애틋한 마음을 고이 접어 깊숙이 넣습니다.

프록터가 말했습니다.
"바로 지금 이 시간에
당신이 사랑하는 누군가가
멀리서 당신을 생각하며
당신을 그리워하고 있다."

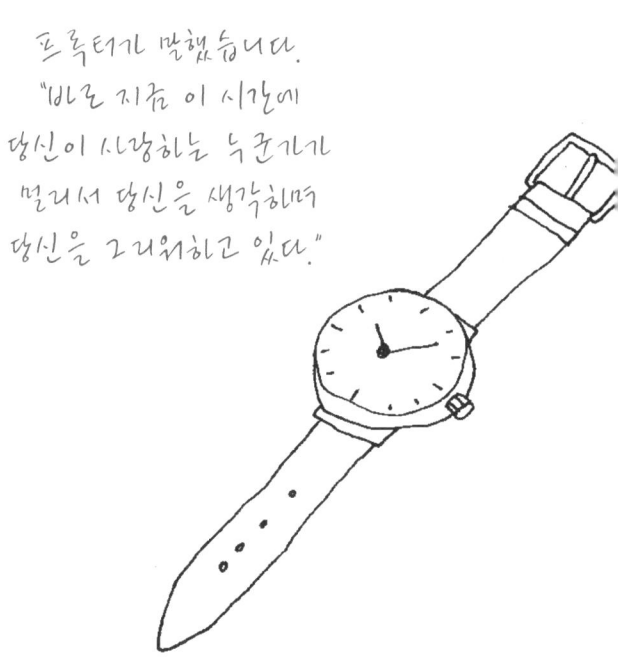

> 왼쪽으로 가는 여자

대학교 1학년 때 처음 만나서
1년 동안 사귄 남자가 있습니다.
꼭 10년 만에……
그 남자를 직장 동료의 결혼식장에서 다시 만났습니다.
헤어지던 순간이 떠오릅니다.
"우리 이제 그만 만나요."
"왜 그래야만 하는지 이유를 말해줘요."
한참 실랑이를 벌이고 헤어진 다음 날 새벽,
남자는 술에 취해 전화를 했습니다.
'당신의 이런 모습이 싫어서 헤어진 거라구요.'
말하고 싶은 것을 간신히 참았던 기억이 납니다.
남자는 나를 정말 많이 좋아해주었습니다.

해묵은 사랑

이 사람처럼 잘해주는 남자를 다시는 만나지 못할 거라는 걸
각오하고 난 이별을 선택했습니다.
나를 무조건 사랑하고,
나를 절대적으로 좋아해주던 남자였지만
실은…… 한 번도 사랑한다는 말을 들어보지 못했습니다.
아니, 술에 취하면 전화를 걸어서 사랑한다고 말하곤 했습니다.
'왜 술을 마시지 않고는 이 말을 하지 못하는 걸까?'
늘 의아해하며, 그 한마디의 말을 기다리고 기다리다
결국 나는 헤어지기로 했습니다.
술을 마시지 않곤 사랑한다는 말을 하지 못하는 남자에게
분명 무언가 말 못할 사연이 있으리라…… 생각했습니다.
헤어지고 나서야 사랑하는 여자 앞에서
말 한마디 제대로 못하는
소심한 성격의 남자였을지도 모른다는 생각을 했지만……
하지만 이 또한 어디까지나 나의 추측일 뿐입니다.
남자가 그리울 때마다 마음을 추스르려고 애쓰며
이별을 선택한 나 자신을 믿습니다.
그러나 다른 남자, 다른 사랑 앞에 설 때마다
이 남자의 모습을 떠올리곤 합니다.
어느 남자도 그 남자를 대신할 수는 없습니다.
그러다 오늘, 우연히 만났습니다.
저만치, 그 남자가 나를 바라보고 있습니다.
애써 태연한 척하는 게 느껴집니다.
잠시 후 스스럼없이 다가오더니 인사를 합니다.
"오랜만이네요."

오른쪽으로 가는 남자

고등학교 동창 녀석이 결혼을 합니다.
그 결혼식장에 갔다가 우연히
대학 1학년 때 만나 사랑했던 여자를 만났습니다.
왜 헤어져야 하는지 이유도 모른 채
일방적으로 이별 통고를 받고 헤어진 여자입니다.
정말 순수하게 열정적으로 사랑했던 기억이 납니다.
약속도 없이,
단지 보고 싶다는 이유 하나만으로
여자가 다니는 학교로 찾아가 깜짝 놀라게도 해주고,
이른 아침부터 여자가 다니는 학교 앞에서 기다리고 있다가
'오늘 하루만 나하고 놀아달라'며 떼를 쓰기도 하고,
여자가 부르기만 하면 어디서 무엇을 하고 있든 상관없이 달려가
친구들에게 '119 구급차'라는 놀림을 당하기도 했던 나.
이런 내게 여자는 일방적으로 이별을 선언하고 떠났습니다.
이후 오랫동안 난 제대로 서 있지 못했습니다.
늘 비틀거리며 지냈습니다.
하지만 이젠 추억 속의 여자인가 봅니다.
'혹시 우연히 마주치면 어떻게 할까?' 가끔 상상했는데
생각보다 편안하고 자연스럽게
여자 곁으로 다가가게 됩니다.
하지만 이런 나의 모습이 조금은 아쉽기도 합니다.
아련한 그리움과 애틋한 아픔으로 간직해온 여자와의 사랑이
그 빛깔을 잃은 것 같아서.
그래도 반갑습니다.

무엇보다도 지난 10년의 세월을 추억해보는 시간을
선물 받은 것 같아서 좋습니다.
'내게도 그런 시절이 있었지.'
예전의 순수했고 열정적이었던 내 모습과 해후한 느낌입니다.

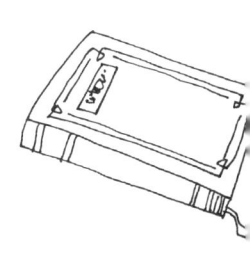

블레즈 파스칼이 말했습니다.
"그는 26년 전에 사랑한 그 사람을
이제는 사랑하지 않는다.
그도 그럴 것이 그녀는 10년 전의 그녀가 아니고,
그 역시 그때의 그가 아니기 때문이다."

사랑,
사과처럼
변하는 것

왼쪽으로 가는 여자

"사과는 미리 깎아놓으면 색깔이 갈색으로 변해서 보기 안 좋아.
그러니까 미리 깎아두고 싶으면
소금물에 살짝 넣었다 꺼내놓도록 해."
집들이하는 선배가 손을 좀 빌리자고 합니다.
일찌감치 와서 돕다가 "과일도 미리 준비해둘까요?" 물었더니
그렇게 말했습니다.
순간 왜 그 남자가 떠오르는 건지······.
사랑이었을까?
잘 모르겠습니다.
처음 남자를 보았을 때는 그냥 피하고 싶었습니다.
남자는 반대로

"처음 본 순간을 잊을 수가 없습니다."
온 마음을 다해 내 마음을 얻으려 했습니다.
사랑이 아니라 남자의 정성에 감동해
'이 마음 또한 사랑일 거야.'
착각했던 것인지도 모릅니다.
어쨌든 친구들 사이에서 '열부' 소리를 들으며
영원한 사랑을 맹세했던 남자가
지금은 다른 여자를 사랑하고 있습니다.
"내가 뭐랬니? 그 남자가 아무리 너를 사랑한다고 해도
긴장의 끈을 놓으면 안 된다고 했잖아."
혼자 다가와 열정적으로 사랑하고,
혼자 떠나버린 남자 때문에 괴로워할 때,
가까운 친구가 들려준 이야기.
꼭 사과 같습니다.
소금물에 살짝 넣었다 빼지 않으면
갈색으로 변해 맛없어 보이는 사과.
"그럼 사과는 나중에 깎는 게 좋겠네요."
나는 사과 대신 다른 과일만 미리 준비해두기로 합니다.
시간이 흘러도 색이 변하지 않는 과일들을.

오른쪽으로 가는 남자

"내일 만나자."

"싫어요."

실랑이를 하다 그 여자 생각을 합니다.
헤어진 그 여자와 주고받았던 대화는 지금과 정반대였습니다.
헤어진 여자가 늘 '내일 만나자' 했고,
남자인 내가 늘 '절대로 안 된다' 고 떼를 썼습니다.
절대로 안 된다고 하면서 난 그 말을 즐겼습니다.
'그토록 싫다고 하던 여자를 왜 그렇게 쫓아다녔을까?'
후회하는 건 아니지만 미안한 생각은 듭니다.
그렇게 쫓아다녀서 여자의 마음을 돌려놓고는
그 여자 곁을 떠났으니 말입니다.
헤어진 여자가 "우린 코드가 맞지 않는 사람들이에요" 하고
말한 적이 있습니다.
왜 그런 말을 했었는지 이제야 알 것 같았습니다.
그래서 마음이 떠난 지 오래되었는데도
오랫동안 헤어지자는 말을 하지 못했습니다.
하지만 책임감으로 만나는 사이는 표시가 나기 마련인가 봅니다.
여자가 먼저 헤어지자고 했습니다.
그러나 나는 압니다.
그 여자의 마음은 아직 나와 이별하지 못했다는 것을.

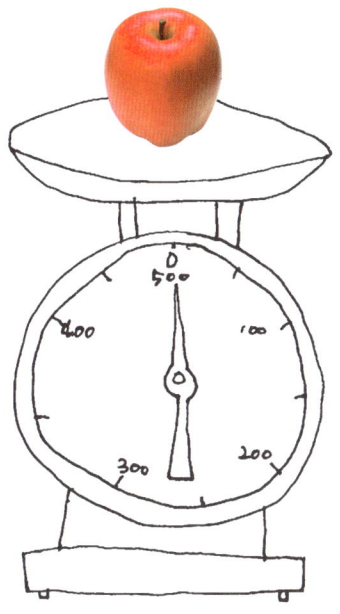

줄 배리모어가 말했습니다.
"사랑이란 아름다운 처녀를 만나
그녀가 괴물처럼 보인다는 사실을 발견하기까지의
즐거운 기간이다."

왼쪽으로 가는 여자

횡단보도 앞.
건너편에 한 남자가 서 있습니다.
순간 내 눈은 카메라 렌즈가 되어 줌인으로 남자에게 다가갑니다.
'아니구나.'
조금 전 눈여겨본 남자가 그가 아니라는 걸 확인하는데
슬그머니 미소가 번집니다.
'이젠 정말 아무렇지도 않네.
죽을 때까지 못 잊을 줄 알았는데.'
이제야 비로소 편하게, 또 아주 마음껏
그 남자를 떠올릴 수 있을 것 같습니다.
그 남자를 추억하는 일은 고통이었습니다.
그래서 애써 생각조차 하지 않으려고 노력했는데
이젠 그러지 않아도 될 것 같습니다.
정말 영원한 사랑은 없나 봅니다.

주는 것, 받는 것

 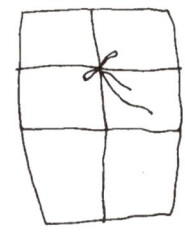 

남자와 헤어진 후에는 마이너스 통장밖에 남은 것이 없을 정도로
모두 주고, 다 주어…… 남은 게 없어 두려웠는데
이젠 그 사랑을 아무렇지도 않게
추억할 수 있게 되었으니 말입니다.
다시는 그런 사랑을 할 수 없을 것 같다는 생각이 듭니다.
왜 그렇게 주기만 해도 행복했었는지 모르겠습니다.
"미쳤다, 미쳤어. 너 완전히 돌았어."
십년지기 친구가 내게서 돌아설 정도로 그 남자에게
아낌없이 주었습니다. 친구가 열 개를 주면 하나는 받고 싶은 게
인지상정이라고 말할 때에도, 나는 열 개를 다 주고
하나도 못 받아도 그저 행복해서 웃기만 했었습니다.
이제 마이너스 통장도 거의 회복되어갑니다.
그만큼 상처받은 마음도 많이 아문 것 같습니다.
이제는 남자에게 편하게 물어볼 수 있을 것 같습니다.
"우리가 헤어져야 했던 진짜 이유가 뭐예요?"

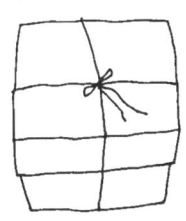

> 오른쪽으로 가는 남자

방금 길모퉁이로 돌아간 여자의 뒷모습.
꼭 그 여자를 닮았습니다.
내 가슴이 정신없이 뛰기 시작합니다.
단지 뒷모습이 닮은 사람이라는 걸 확인하고
쓸쓸히 돌아서서 여자를 추억합니다.
어찌 된 일인지 요즘 자꾸 그 여자의 모습이 보입니다.
나를 참 많이 사랑해주었던 여자입니다.
사실 처음에는 여자에게 별다른 마음이 없었습니다.
그저 한없이 잘해주니까 만났을 뿐입니다.
오래된 친구에게도 보이지 못하는 나 자신을
마음 편히 보여주었던 것 같습니다.
조심할 이유도 없었고, 긴장할 필요도 없었습니다.
"너 그렇게 착한 여자한테 그렇게 못되게 굴면 벌 받는다.
이제 보니 너 아주 나쁜 놈이야."
친구의 충고도 개의치 않았습니다.
그러던 어느 날 문득,
여자에게 길들여져 있는 나 자신을 보았습니다.
아마 그때부터였을 겁니다.
여자를 만나는 게 전처럼 편하지 않았습니다.
그래서 "이제 더는 널 만나지 않겠다"는 말만 하고
소식을 끊었습니다.
하지만 그때 알았습니다.
'내가 이 여자를 사랑하고 있구나.'
그러나 이젠 주고 싶어도 줄 수 없는 사랑입니다.

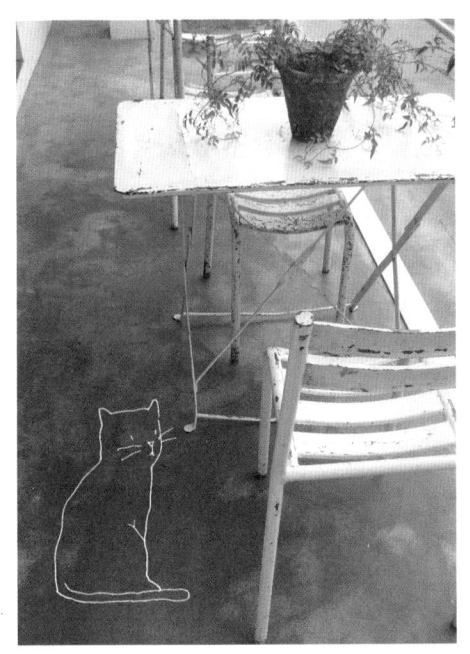

빈센트 반 고흐가 말했습니다.
"주려고만 할 뿐 받지 않으려 했다.
이 무슨 잘못되고 과장된 오만하고도
성급한 연애였단 말인가?
다만 상대에게 주는 것만으로는 안 된다.
상대로부터 받기도 해야 한다."

오직 사랑하고 있는
동안에만

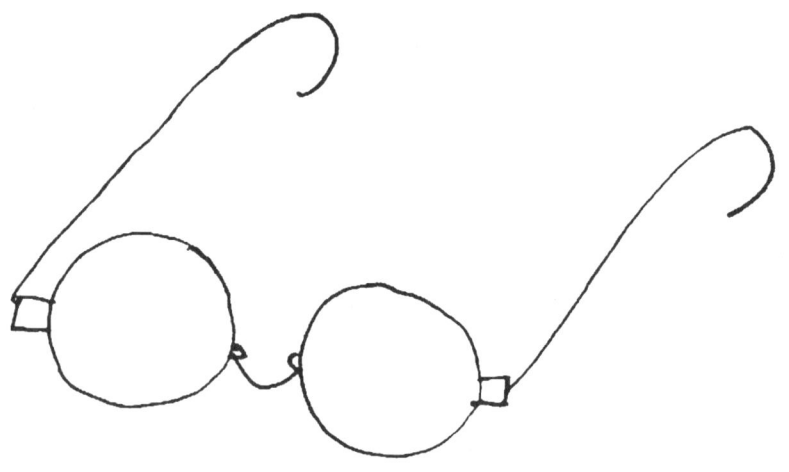

왼쪽으로 가는 여자

"나 그 남자 봤다."

약속 시간을 20분이나 넘기고 도착한 친구가

미안하다는 말보다 먼저 한 말입니다.

그 남자가 누굴 말하는지 난 단박에 알아듣습니다.

1년 정도 사귀다 작년 여름에 헤어진 남자.

친구가 호들갑을 떨며 얘기하는 남자는 분명 그 남자일 겁니다.

"여자랑 같이 가다가 나하고 정면으로 마주쳤는데

아는 척도 하지 않더라.

아니, 모르는 사람처럼 그냥 휙 지나가더라구."

"널 못 봤나 보지."

"무슨 소리야. 정면으로 눈이 마주쳤는데."

"하기는 곁에 여자친구가 있는데,

예전에 사귀던 여자의 친구가 뭐 그리 반갑겠니?

모르는 척하는 게 당연하지."

"그런가?"

비슷한 상황이 벌어졌을 경우, 나 역시

남자의 행동과 크게 다르지 않을 겁니다.

그런데 왜 이렇게 허전한 걸까?

잠시 남자와 함께 보냈던 1년 남짓 시간을 회상합니다.

설레던 적도 많았고, 이 남자가 과연 나와 맞는 사람일까

고민한 적도 있었고, 이 남자를 알게 되어

기뻤던 순간도 있었고, 이별로 인해 아팠던 시간도 있었습니다.

사랑이란 이런 걸까? 지나고 나면 잊고 싶어하는 것?

찻집 안에 있는 연인들이 남처럼 안 보입니다.

> **오른쪽으로 가는 남자**

여자를 집까지 데려다 주고 집으로 돌아왔습니다.
문득 아까 거리에서 마주친 사람이 떠오릅니다.
작년 여름에 헤어진 여자와 아주 가까운 친구입니다.
그래서 여자를 만나는 동안 자주 어울렸던 친구입니다.
걸어가다가 그 친구가 먼저 발걸음을 멈추는 바람에
눈이 정면으로 마주쳤습니다.
순간, 함께 가던 여자가 그 친구와 나를 번갈아 보았고,
여자의 그런 시선이 부담스러워 엉겁결에 그냥 지나쳤습니다.
'안녕하세요' 짤막한 인사 정도는 나눌 수도 있었는데…….
조금 후회가 됩니다.
하지만 어차피 헤어진 여자, 다 부질없습니다.
기분이 썩 상쾌하지 않습니다.
잠시 1년 전에 헤어진 여자와 함께 보냈던
시간들을 추억해봅니다.
이 여자가 나를 안 만나주면 어떡하나……
늘 조바심하게 만들었던 여자.
헤어지고 나서 한동안 마음을 잡지 못하고 많이 방황했습니다.
그런데 1년도 채 지나지 않아 다른 여자를 사랑하고 있으니.
……문득 이런 생각이 듭니다.
내가 과연 그 여자를 사랑하기는 했던 것일까?
지금 사랑하고 있다고 믿는 이 여자를
정말 사랑하고 있기는 한 것일까?

베르톨트 브레히트가 말했습니다.
"사랑은 싱싱한 동안에는 좋지만,
즙이 없어져 쓴맛만 남으면 버려야 하는
아지 열매와 같다."

이별에 대처하는 자세

왼쪽으로 가는 여자

대여섯 명의 남자들 사이에 있는 한 남자.
그를 알아보는 데 1초도 걸리지 않습니다.
1년 전, 모질게 마음먹고 헤어진 남자가 있습니다.
남자는 만나자마자 내게 정말 잘해주었고,
그런 남자에 대한 나의 감정이 사랑인지,
배려인지도 모른 채 1년 남짓 만났습니다.
그러다 겨울이 한 번 더 돌아올 무렵,
남자에 대한 나의 감정이 사랑이 아니라,
미안할 정도로 잘해주는 남자에 대한 배려임을 알았습니다.
그럼에도 불구하고 겨울이 지나고 봄기운이 완연해질 때까지도
남자에게 헤어지자는 말을 하지 못하고 끙끙댔습니다.
'내게 이토록 잘해주는 남자를 어디서 또 만날 수 있을까?'
'이런 남자에게 등 돌리고 돌아서는 일이 과연 잘하는 짓일까?'
1년 동안 사귀면서 화 한 번 안 내는 남자를 외면하는 일이란
정말 쉽지 않았습니다.

"헤어지는 게 옳아. 네 말대로라면
너도 1년 동안 노력한 거 아니니?
너를 위해서도 그 남자를 위해서도
헤어지는 게 백번 옳은 일이라고 생각해, 난."
결국 나는 친구의 충고를 받아들여,
다음 날 남자를 만나 헤어지자고 말했습니다.
예상대로 남자는 심한 충격을 받았습니다.
"그렇다면 처음 만났을 때부터 지금까지
나를 사랑했던 순간이 한 번도 없었느냐"고
내게 물었던 기억이 납니다. 고개를 끄덕이는 나에게
먼저 일어나 가라고 말했던 남자. 그래서…… 혹시라도
오래 방황하면 어쩌나, 하고 걱정도 많이 했던 남자였는데…….
1년이란 시간이 짧지만은 않은가 봅니다.
아니면 애써 감추고 있는 걸까요?
나를 알아본 남자는 반갑게 다가와 가볍게 인사하고
친구들과 밖으로 나갔습니다.

오른쪽으로 가는 남자

친구들을 만나고 있었습니다.
문득 사람의 시선이 느껴져 바라보니 그 여자입니다.
벌써 1년이 지났나?
1년 남짓 교제해놓고는
사랑이 아니라 고맙고 미안한 마음에서 만난 것 같다며
나를 화나게 하고 떠난 여자입니다.
참 괴로웠습니다.
1년이나 만난 이유가 자기에게 너무 잘해주었기 때문이라니……
너무 미안해서 헤어지자는 말을 할 수 없었다니…….
도무지 이해되지 않았고,
이해하고 싶지도 않았습니다.
하지만 얼마 후 난 여자를 이해하게 됩니다.
그 무렵.
내가 좋다며 무조건 따라다니던 후배가 있었습니다.
내 마음과는 상관없이 무턱대고 좋다며 따라다니던 후배를
나 역시 미안해서 만나주다 보니 어느 날 문득,
그 여자가 이해되는 것입니다.
헤어질 때 여자에게 화를 내고,
심하게 말한 것이 후회되었습니다.
사람의 감정이란 주인도 마음대로 하지 못하는 것.
그때 왜 그렇게 화를 냈었는지 후회가 됩니다.
그래서일까.
여자를 보는 순간 너무 반가워 나도 모르게 벌떡 일어났고,
다가가 인사하고 말았습니다.

헤어진 여자를 다시 만났는데 이렇게 반가울 수가!
그 이유를 이렇게 생각합니다.
'헤어질 때 너무 심하게 말하고 화내서 미안합니다.'
이 마음을 전하고 싶어서라고.

라브뤼에르가 말했습니다.
"남자는 자기를 사랑하지 않게 된
여자에 대해 심하게 화를 내고 소란을 피우지만
쉽게 포기한다. 그러나 여자는 버림을 받으면
남자처럼 소란을 피우지는 않지만,
그 상처를 오랫동안 가슴에 품는다."

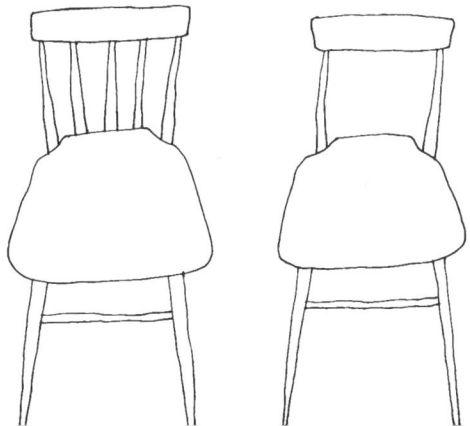

왼쪽으로 가는 여자

남자와 헤어지고 나면 홀가분할 줄 알았습니다.
이제 더는 나의 전화를 받지 않는 남자 때문에
마음 불편한 일이 없을 테고,
며칠이 지나도 전화 한 통 하지 않는 남자에게
내가 먼저 전화를 걸어볼까 말까 고민하느라
하루 종일 아무것도 하지 못하는 일도 없을 테고,
남자가 지금 어디서 누구와 있는지 못 견디게 궁금해서
얼굴 수척해지는 일도 없을 거고,
과연 이 남자가 나를 사랑하기는 하는 것인지
남자의 진심을 살피느라 마음 졸이는 일도 없을 테고,
정말 내가 보고 있는 만큼 괜찮은 남자인지 아닌지
수시로 의심하느라
혼자 가슴앓이를 하는 일도 없을 테고,
툭하면 '약속을 좀 미뤄야겠다'는 말에

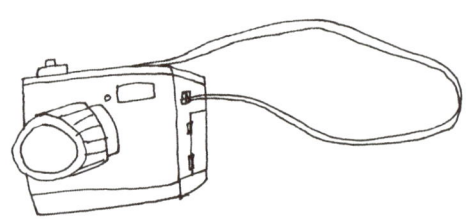

실연 후에 얻게 되는 것들

상처받고 외로워하는 일도 없을 테고……
그래서 헤어지면 편하고 자유로울 줄 알았습니다.
하지만 막상 헤어지고 나니 내 잘못, 내 실수만 기억납니다.
바쁘다고 하면 바쁜가 보다, 왜 무조건 믿어주지 못했을까?
전화를 받지 못하면 그럴 만한 사정이 있을 거라고
왜 이해해주지 못했을까?
남자가 날 바라보는 진심 어린 눈빛을 왜 의심부터 했을까?
그런 게 아니라고 하면 그런 게 아닌 줄 알면 될 일이었는데
왜 그걸 어떻게 믿느냐고 따지기부터 했을까?
헤어지자는 말에 차마 할 말이 없는지
묵묵히 듣고만 있던 남자의 모습이
좀처럼 지워지지가 않습니다.
"난 헤어지고 싶지 않은데,
네가 나와 헤어지는 게 더 행복하다니 헤어져준다."
남자의 마지막 말도 지워지지 않습니다.

오른쪽으로 가는 남자

여자에 대한 마음이 변한 게 아니었습니다.
변한 게 있다면 여자를 처음 만났던
3년 전, 2년 전, 1년 전보다
일상이 바빠졌다는 것뿐입니다.
그러다 보니 3년 전보다, 1년 전보다
아무래도 여자에게 소홀했을 겁니다.
하지만 3년 정도 사귀었으니 그 정도쯤은
남보다 더 많이 이해해주리라 믿었습니다.
그러나 그렇게 믿지 말았어야 했습니다.
헤어지고 나니 알 것 같습니다.
바빠진 건 나였고, 여자는 3년 전 그대로였습니다.
그걸 왜 이제야 알게 된 건지, 원망스러울 뿐입니다.
사실, 그동안 여자를 사랑하는 마음과 달리
피곤한 적도 많았습니다.
그렇다고 하면 정말 그렇다고 왜 믿어주지 못하는 걸까?
아니라고 하는데 왜 아니라고 생각하지 못하는 걸까?
화도 나고 짜증도 났습니다.
그렇다곤 해도 헤어져야겠다는 생각은 해본 적이 없습니다.
그런데 여자는 그때마다 헤어져야겠다고 생각했나 봅니다.
3년을 사귀었는데 어떻게 그만한 일로 헤어지자는 말을
그리 쉽게 할 수 있는지.
이해할 수 없었고, 이해하고 싶지도 않았습니다.
하지만 헤어진 다음 날부터 문득문득,
내가 너무 내 생각만 했었다는 후회가 스칩니다.

여자가 그렇게 생각할 수 있었을 것 같습니다.
그런 의심, 충분히 할 수 있었을 것 같습니다.
그냥 바쁘다고 하지 말고,
약속을 미뤄야 할 만큼 바쁜 이유가 무엇인지
자세히 설명했어야 했습니다.
이제야 여자의 마음이 보입니다.
그런데 여자가 곁에 없습니다.

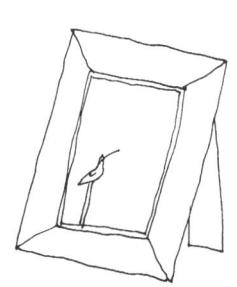

좀 제이기 말했습니다.
"우리들은 실연할 후에야 비로소 자신이 저질렀던
모든 잘못을 뼈에 사무치도록 알게 된다."

사랑으로 인한 깊은 병

왼쪽으로 가는 여자

헤어진 남자. 그 남자의 친구가 전화를 했습니다.
엉겁결에 무슨 일이냐고 물었지만, 왜 전화했는지 짐작은 갑니다.
무조건 만나자는 그의 부탁을 난 단호히 거절합니다.
남자의 친구는 그 남자를 저대로 그냥 둘 거냐고 묻습니다.
난 할 말이 없습니다. 물론 마음은 아픕니다.
1년 남짓 만난 남자가 헤어진 이후로 심하게 방황을 한다는데
어떻게 마음이 아프지 않을 수 있을까요?
그러나 마음을 숨깁니다.
이미 헤어지기로 결심했고, 또 헤어졌습니다.
이렇게 헤어질 거면서 왜 그동안 만났느냐고
누군가 묻는다면 그 또한 할 말이 없습니다.
그렇다고 다른 남자가 생긴 것도 아닙니다.
다만, 시작은 같았으나 끝이 조금 다를 뿐이라고 생각합니다.
남자 앞에서 더 이상 긴장하지 않는 내 모습을 감지한 순간,
그 이유가 '더는 사랑하지 않기 때문' 이라는 것을 알았습니다.
누군가를 좋아하고 사랑하지 않는 건 내 의지대로
되는 일이 아닙니다. 그래서 헤어지기로 마음먹었습니다.
다만 안타깝게도 남자는 여전히 나를 사랑합니다.
헤어지자는 말을 받아들이지 못합니다.
보다 못한 친구가 다리 역할을 하려고 전화했지만
그 부탁을 나는 거절합니다.
사랑할 때도 그렇지만,
이별할 때도 분명 각자의 몫이란 게 있습니다.
난 그렇게 생각합니다.

> 오른쪽으로 가는 남자

1년 남짓 만난 여자가 느닷없이 이별을 선언했습니다.
그러고는 연락이 되지 않습니다.
헤어지자는 이유도 간단명료했습니다.
"당신에 대한 내 마음이 예전 같지 않아요."
정말 화가 납니다.
나는 아무 준비가 되어 있지 않는데 헤어지자니.
그런 줄도 모르고 영화표 예매까지 해서 나갔는데…….
여자는 영화조차 보지 않고
헤어지자는 말만 던지고는 사라졌습니다.
1년이나 만난 사람에게 어떻게 이럴 수 있는 건지…….
그런데도 아직 그 여자를 사랑하는 내 마음 때문에 화가 나고,
고작 이런 식으로 헤어지려고 1년 넘게 소중하게
사랑을 지켜왔는지 지난 세월 때문에도 화가 납니다.
사랑인 줄 알았는데 알고 보니 사랑이 아니었다고,
그래서 이제 그만 만나야겠다고 마음먹었다는 여자.
용서가 되질 않습니다.
그럼 지난 1년은 대체 우리에게 무슨 의미였단 말인가.
혼자만 아니라고 말하고 떠나면 그것으로 끝인지…….
헤어지자고 말한 뒤 단 한 번도 전화를 받지 않는
여자의 매몰차게 냉정한 태도마저 나에게는 상처입니다.
한때나마 사랑해서 만났던 내게
이렇게까지 모질게 구는 이유를 모르겠습니다.
'혹시 여자에게 1년 내내 속았던 건 아닐까?'
정말 비참한 생각까지 듭니다.

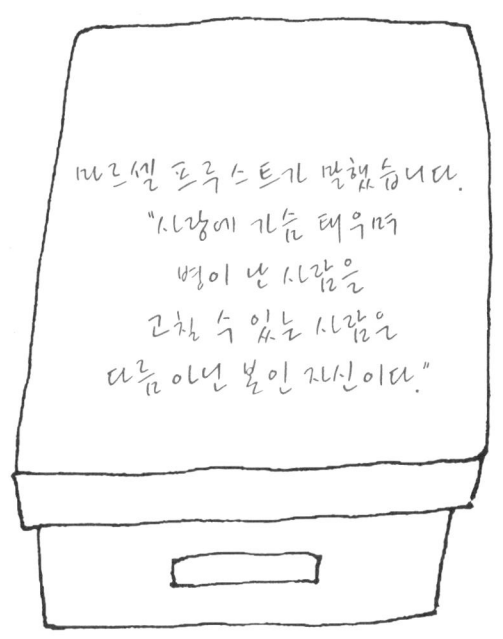

사랑으로
다시 돌아오는 일

왼쪽으로 가는 여자

회사에서 집으로 돌아가는 길.
피곤한 몸과는 달리 마음이 길 위에 멈춥니다.
가끔 이런 날이 있습니다.
아침에 나올 때만 해도
'오늘은 무슨 일이 있어도 집에 일찍 들어와 푹 쉬어야지.'
단호했던 마음이 저녁만 되면 흐지부지되는 날.
그런 날이면 언제나 남자에게 전화를 하곤 했습니다.
그러면 기대를 저버리지 않고 달려와주던 남자.
그러나 오늘은 전화를 걸 남자도, 불러낼 남자도 없습니다.
얼마 전, 남자는 일방적으로 이별을 통보했습니다.
다른 여자가 생겼다고 합니다.
하지만 난 그 말을 믿지 않습니다.

여전히 날 사랑한다고 믿습니다.
그만큼 나에게 지극정성이었던 남자였으니까.
"내가 왜 그렇게 좋은데요?"
"난 당신이 날 좋아하는 것만큼 당신을 좋아하지 않는데
그래도 괜찮아요?"
남자에게 모멸감을 주었을 때도,
마음에 깊은 상처를 주었을 때도,
나를 바라보는 남자의 시선은 조금도 달라지지 않았습니다.
'누가 이토록 나를 변함없이 사랑해줄까?'
나는 마음을 주었습니다.
그랬던 남자가 헤어지자고 했습니다.
다른 여자가 생겼다는 남자의 말을 어떻게 믿을 수 있을까요.
그의 말이 사실이라고, 친구가 확인까지 해주었으나
여전히 믿기지 않습니다.
남자는 곧 나에게로 돌아올 겁니다.
'그토록 끔찍이 사랑했던 여자를 어떻게 잊을 수 있을까?
그게 과연 가능한 일일까?'
오늘도 혼자 찻집에 앉아 난 그 남자를 기다립니다.

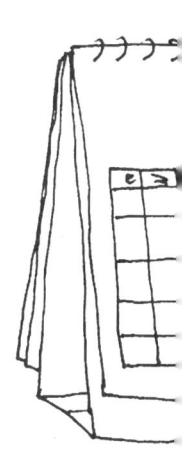

오른쪽으로 가는 남자

퇴근하려고 사무실 문을 막 나서는데 휴대전화가 울립니다.
휴대전화 벨소리에 그 여자 얼굴이 그려집니다.
손보다 마음이 먼저 휴대전화를 받습니다.
이내 쓸쓸합니다.
사랑하는 여자와는 얼마 전에 헤어졌습니다.
그런데도 아직 마음의 정리가 끝나지 않은 모양입니다.
여전히 전화벨이 울릴 때마다 그 여자가 떠오르는 걸 보면.
고등학교 때부터 흠모해 마지않던 친구가 있습니다.
그 친구의 화목하고 부유한 가정이 부러웠습니다.
'나도 저런 집안에서 태어났더라면……'
몰래 생각해본 적도 있습니다.
그런데 얼마 전, 그 친구가 조심스럽게 말을 건넸습니다.
"네게 여동생을 소개시켜주고 싶은데……"
친구는 분명히 여동생을 소개시켜주고 싶다고 했는데
내게는 그렇게 들리지 않았습니다.
'지금까지 힘들게 살아온 날들에 대한 보답이다.'
이렇게 들렸습니다.
고민하고 망설였습니다.
그러다 힘들게 내린 결정을 순순히 받아들이기로 했습니다.
마음의 결정을 내린 뒤 사랑하는 여자에게 헤어지자고 말했습니다.
사랑도 선택이라고 생각하기로 했습니다.
그리고 나의 선택 앞에서 좀 더 당당해지기로 했습니다.
나도 그 많은 사람들 중 한 사람일 뿐이라고…….

라로슈푸코가 말했습니다.
"사랑에서 야망으로 옮겨가는 사람은 많으나,
야망에서 사랑으로 돌아오는 사람은 드물다."

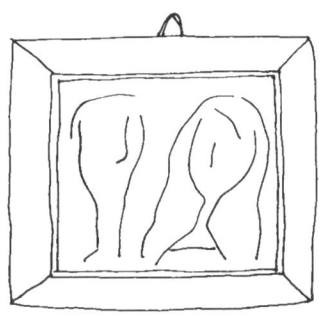

여자의 사랑이란

왼쪽으로 가는 여자

'진심으로 사랑하는 마음 안에서는 질투가 애정을 죽이거나
애정이 질투를 죽이게 된다.'
폴 부르제가 『근대 연애의 생리』에서 한 말입니다.
나는 이 말을 가슴에 고이 묻어둡니다.
특히 '애정이 질투를 죽인다'는 구절에 밑줄을 긋습니다.
질투로 인해 고통스러울 때마다
'난 아직 진심으로 사랑하는 마음이 부족한가 보다.'
반성하면서 더욱더 사랑하려고 노력했습니다.
하지만 이젠 지칩니다.
만나지도 못하고 목소리만 들은 지 벌써 2주일째.
그러다 어제 모처럼 짬을 내어 달려온 남자에게
마음과 달리 헤어지자는 말을 하고 말았습니다.
이번에는 남자도 화를 냈습니다.
"그동안 내가 얼마나 바빴는지 알아?
오늘도 겨우 짬을 내 달려왔다구.
그런데 넌 나에게 겨우 헤어지자는 말밖에는 할 수 없는 거야?
나에 대한 너의 사랑이 겨우 이 정도밖에 안 되는 것이었냐구!"
억울했나 봅니다.
어제는 남자도 지지 않고 하고 싶은 말을 쏟아냈습니다.
다른 여자를 만나느라 시간이 없는 것도 아니고,
시간이 남아도는데 만나주지 않는 것도 아니고,
혼자 여행을 다니느라 만날 틈이 없는 것도 아닌데
어떻게 내게 이럴 수 있느냐는 남자의 항변.
난 그저 묵묵히 듣기만 했습니다.

구구절절 옳은 이야기들입니다.
하지만 연락이 오지 않는 동안
혹시 다른 여자가 생긴 것은 아닐까?
혹시 마음이 변한 것은 아닐까?
혹시 사랑이 식은 것은 아닐까?
질투와 의심으로 고통스러운 시간들을
더는 견뎌내고 싶지가 않습니다.
그래서 결국 이 말을 하고 만 겁니다.
"그러니까 이쯤에서 그만두자구요!"

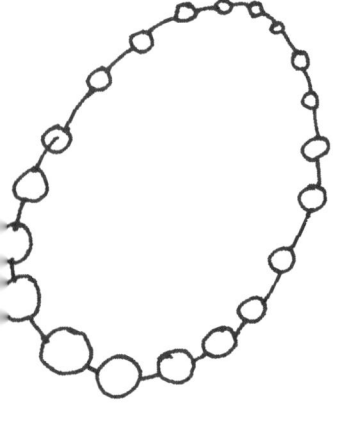

에드워즈가 말했습니다.
"여자가 자네를 사랑한다고
맹세하더라도 결코 그 말을
믿어서는 안 되네.
그러나 자네를 사랑하지 않는다고
단언한 경우에도
역시 믿어서는 안 되네."

> 오른쪽으로 가는 남자

이제 그만 헤어지자는 말을 무책임하게 툭 던져놓고
조용히 뒤돌아 나가는 여자.
화는 났지만 그 뒷모습이 너무 쓸쓸해 보여
화조차 낼 수 없었습니다.
대신 질투가 애정을 죽이지 못하도록,
그리고 애정이 질투를 죽이게 하려고
무지 노력했다는 여자의 말만 그 자리에 앉아 곱씹었습니다.
'그래서 헤어지기로 했다는 말은 무슨 의미일까?'
여자들이 하는 이야기는 그 의미가 너무 복잡해서
이해가 잘 되지 않습니다. 지금 헤어지자는 말은
나를 진심으로 사랑하지 않는다는 얘기가 아닐까 싶습니다.
뭐가 이렇게 복잡한지…… 그냥 좀 지칩니다.
'지금 쫓아나가서 붙잡아야 하나, 아니면 그냥 보내주어야 하나.'
이것조차 어떻게 해야 할지 모르겠습니다.
더는 사랑하지 않는다고 하는데도 쫓아가 붙잡아야 하는 건지,
아니면 여자가 하고 싶어하는 대로 해주어야 하는 건지
정말 알 수가 없습니다.
헤어지자는 여자의 말이 진심이 아닌 것 같다가도
진심일지 모른다는 생각이 들기도 하고.
만약 진심이라면 여자를 붙잡는 것은 이기적인 일입니다.
이러다 며칠 뒤에 찾아가면 어떻게 혼자 가게
내버려둘 수가 있느냐고 따질지도 모릅니다.
헤어지자는 여자의 말을 어떻게 받아들여야하는 건지…….
지금 내겐 사랑이란 과목의 참고서가 필요합니다.

왜 나를 모른 척하는지

왼쪽으로 가는 여자

언제부터인지는 모르겠습니다. 내 마음에서 사랑의 열정이
식어가고 있었습니다. 비로소 그 친구를 이해할 수 있을 것 같습니다.
자기를 그다지 좋아하지 않는 남자를 따라다니던
친구가 있었습니다. 그러고는 그 남자가 친구를 사랑하게 되자,
친구는 이별을 고하고 떠났습니다.
그땐 그 친구가 이해되지 않았습니다.
'어떻게 저럴 수 있을까' 싶었습니다.
그런데 지금, 난 그 친구가 이해됩니다.
그 친구처럼 나 역시 그 남자를 예전처럼 바라볼 수가 없습니다.
그러자고 작정한 것도 아닌데.
'잠시 권태기를 거치는 것은 아닐까' 생각도 해보았지만……
하지만 그럴 때마다 남자에게 미안한 마음만 들 뿐,
사랑의 설렘은 되살아나지 않습니다.
아직 날 사랑하는 사람을 사랑하지 않게 된 사람의 심정이란 것.
난 지금 그걸 배우고 있는 중입니다.
이래서 함부로 손가락질해서는 안 되는 건가 봅니다.
사랑의 기쁨, 그리고 열정이 식어버린 사랑의 아픔까지도
겪게 해준 남자. 이제 그만 헤어져야겠다고 결심합니다.
만나기보다 헤어지는 게 더 어렵다는 말을 실감하면서
하기 힘든 그 말을 건넵니다. 차라리 이 남자에게
다른 여자가 생겼더라면 좋았을 것을…… 하면서.
사랑할 땐 상상조차 해보기 싫었던 생각을
아무렇지도 않게 하면서 생각합니다.
'내게도 이런 잔인한 면이 있구나.'

> **오른쪽으로 가는 남자**

술이 깬 아침은 술에 취해 있던 지난밤보다
훨씬 더 고통스럽습니다.
헤어지자던 여자에게 한 말이 기억납니다.
갑자기 왜 이러는 거냐고.
그러지 말고 잠시 공백기를 가져보는 게 어떠냐고.
어제까지도 잘 지내다가 느닷없이 헤어지자는 것은
너무 잔인하지 않느냐고.
참 어리석은 말들입니다.
헤어지자고 말하기까지 여자도 많은 생각을 했을 겁니다.
어쩌면 그사이 혼자 공백기를 가져봤는지도 모릅니다.
떠나는 마음을 붙들어보려고
혼자 나름대로 노력을 해보았는지도 모릅니다.
아니, 분명 그랬을 겁니다.
그렇지 않고서는 그렇게 단호히 헤어지자고 하지 못합니다.
내가 건 전화를 받지 못하고,
그래서 부재중 전화가 와 있다는 걸 반나절 뒤에 알기만 해도
혹시 그사이 내 기분이 상하지 않았을지 살피던 그 여자.
그 여자는 지금 대체 어디로 가고 없는 것일까.
어제 본 여자의 편치 않은 얼굴을 떠올려봅니다.
이럴 땐 어떻게 해야 하는 것일까.
다시 한번 정답 없는 질문에 마음이 약해집니다.
이제부터라도 헤어지려고 노력해야 하는 것일까.
아니면 여자의 마음을 돌려보려고 애를 써야 옳은가.
사실 이제 더는 사랑하지 않는다는 게

그 여자의 잘못은 아닐 겁니다.
마음이 하는 일이니 여자도 어쩔 수 없을 겁니다.
그래도 야속하고 원망스럽습니다.
무엇보다도 이럴 땐
어떻게 해야 후회가 남지 않을지 모르겠습니다.
그저 답답할 뿐입니다.

헤르만 헤세가 말했습니다.
"궁금합니다.
언젠가 웃옷 단추 덜렁거릴 때
바늘로 정성껏 꿰매주던 그때,
찢긴 내 마음은 왜 이대로 내버려두는지.
그다지 슬프지 않은 영화에도
눈물짓던 그때,
사랑을 잃어버리고 슬픔에 싸인 날 위해서는
왜 울어주지 않는지.
자신보다 남을 더 챙겨주던 그때,
그댈 그리워하다 지쳐 하루를 마감하는
나는 왜 외면하며 모른 척하는지."

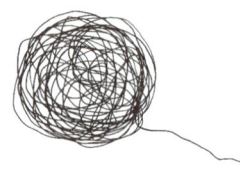 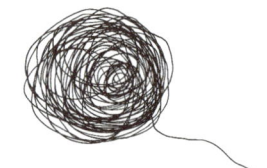

숨어 있기

왼쪽으로 가는 여자

"열심히 잘 살고 있더라."
어제 들은 남자의 소식이 나를 허탈하게 합니다.
'이건 대체 무슨 심보란 말인가?'
슬그머니 나 자신을 나무랍니다.
그래도 허탈함이 가시질 않습니다.
'헤어진 지 얼마나 됐다고.'
남자가 야속합니다.
'나는 이렇게 하루하루 지내기가 힘이 드는데.
어디를 가나 남자와 함께한 시간들이 되살아나
수시로 무기력해지는데……
그 사람은 안 그런가 보다.'
눈물이 핑 돕니다.
나와의 만남, 나와 보낸 시간들이 그토록 아무것도 아니었을까?
그렇게 가벼웠던 것일까? 시간이 흐를수록, 생각이 깊어질수록
참담해지는 마음, 가누기가 힘듭니다.

당장이라도 찾아가서 '나를 사랑하기는 했던 거예요?'
따지고 싶습니다.
빚쟁이처럼 찾아가 그동안 주었던 마음을
악착같이 찾아오고 싶습니다.
'그럼 넌, 그 남자가 너와의 이별로 인해
폐인처럼 살아가기를 원해? 그래?'
혼자 묻고 생각합니다.
그러자 '나와 헤어져도 건강하게 잘 살면 좋겠다'는 마음이……
보이지 않는 곳에 숨어 있던 절반의 마음이 보입니다.
그 남자가 이별을 아파하고,
아픈 마음에 일상을 제대로 살아가지 못하고
허덕이다 쓰러지는 모습을 그리고 있던 절반의 마음이.
'나 참 나쁜 여자네.'
그 절반의 나쁜 마음을 또 다른 절반의 마음으로 가립니다.
'나 때문에 너무 아파하지 말아요.'

오른쪽으로 가는 남자

일이 있어 다행입니다.
적어도 일에 매달릴 때만은 여자를 덜 생각하게 됩니다.
"그러다 쓰러지겠다."
사람들은 안쓰러워하지만 그렇게라도 혹사시키지 않으면,
나 스스로에게 혹독하게 굴지 않으면 숨을 쉴 수가 없습니다.
지금 같아선, 앞으로 그 어떤 여자도
다시는 사랑할 수 없을 것 같습니다.
한 1년 남짓 마음 설레게 했던 여자가
왜 헤어지는지…… 이유도 말하지 않고 떠났습니다.
아니, 이유를 대기는 했습니다.
'당신은 나보다 더 좋은 사람을 만나야 해요.'
정말 납득하기 힘든 이유였습니다.
차라리 '당신은 사랑하지만 당신의 형편, 능력까지는
사랑할 수가 없어요' 라고 말했더라면
이렇게까지 힘들지는 않을 것 같습니다.
그렇게 말해주었다면 말문은 막혀도 이해는 했을 겁니다.
그저 나를 순수하게만 좋아하는 줄 알았습니다.
그래서 더 고맙고 애틋했습니다.
하지만 지금, 그동안 사랑에 깜박 속은
어리석은 내 모습만 남았습니다.
오늘도 속은 다 내주고 빈 껍질만 남은 채
몸을 혹사하는 것으로 버티는
'속없는 남자' 만 남았습니다.

막심 고리키가 말했습니다.
"가령 남자가 아무리 자기 자신을 잊고
일에 열중하더라도
그 마음 한구석에는 언제나 한 여자가 숨어 있다."

> 왼쪽으로 가는 여자

이제 만나지 않기로 합니다.
언제부터인가 남자가 전화를 걸어오는 횟수보다
내가 먼저 전화를 거는 횟수가 많아지고 있었습니다.
그 남자가 내 마음을 얻고 싶어한다는 것을 느낌으로 알았듯
그 남자가 멀어지고 있다는 것 역시 느낌으로 압니다.
그래서 헤어지자고 한 것일 뿐,
더는 남자를 만나고 싶지 않아 헤어지자고 한 것은 아닙니다.
그런데 남자가 순순히 고개를 끄덕입니다.
점점 줄어들던 전화 횟수보다 더 심한 배신감을 느낍니다.
사랑은 변하는 것.
눈으로 보아서 알고 있고, 귀로 들어서 알고 있습니다.
알면서도 받아들이기 힘든 이유는
두 사람의 사랑이 한날한시에 변하는 게
아니기 때문입니다.

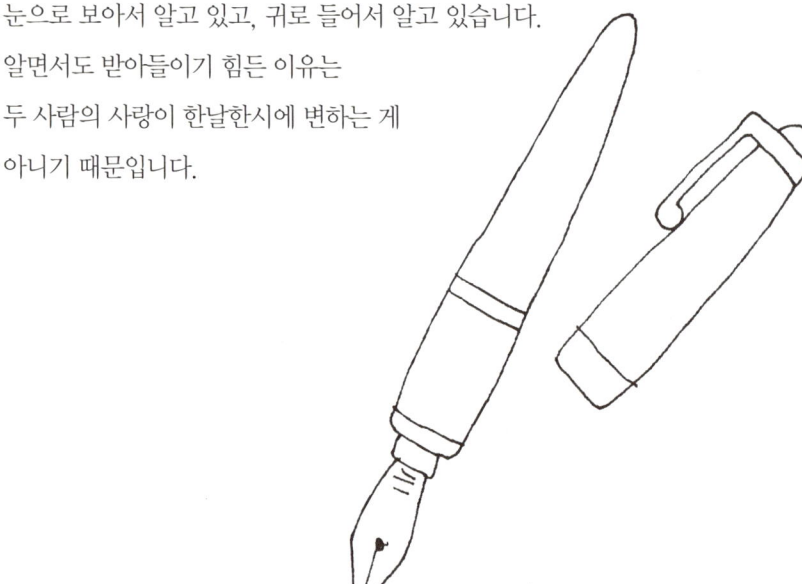

헤어지는 연습, 잊는 연습

변한 사랑을 앞에 두고 있으니 알 것 같습니다.
어쩌면 지금 화가 나는 진짜 이유는
그 남자의 배신, 그것이 아니라
그 남자의 사랑이 나보다 먼저
변했기 때문인지도 모르겠습니다.
남자는 아주 잘 지내고 있다고 합니다.
일도 전보다 더 열심히 하고,
예전처럼 잘 웃고, 잘 먹고, 사람들과도 잘 어울린다고 합니다.
전혀 실연한 사람처럼 보이지 않는다고 합니다.
철저하게 속은 기분입니다.
남자의 마음이, 남자의 사랑이 변할 수도 있습니다.
하지만 그 후 아무렇지도 않게 산다는 남자,
참 약이 오릅니다.
헤어진 후에도 나는 여전히 그 남자만 생각하고 있는데.

오른쪽으로 가는 남자

"그만 잊어라."
여자와 헤어진 후, 늘 곁에 있어준 친구 녀석이
이제는 지겨운지 날카롭게 쏘아붙입니다.
고개를 끄덕입니다. 이제 그만 잊을 겁니다.
하지만 처음으로 내가 먼저 다가가 사랑하게 되었던 여자입니다.
쉽게 잊을 수 없을 것 같습니다.
여자는 툭하면 '헤어지자'고 말했습니다.
그때마다 여자를 사랑하는 용기가 조금씩 잘려나갔습니다.
한 번만 더 헤어지자고 하면
마지막 남은 용기마저 날아갈 것 같은데,
여자는 또다시 헤어지자고 말했습니다.
'이 여자가 나를 사랑하기는 한 걸까?'
이 여자는 나를 사랑한 것이 아니었습니다..
그동안 나의 사랑을 마치 그림 감상하듯 즐긴 것 같습니다.
이제 그만 헤어지기를 원하는 여자를 보내주었으니
일만 열심히 할 것입니다.
나를 사랑하지 않았던 여자를 사랑했던 걸
후회하지는 않을 것입니다.
사랑하는 사람을 만나러 갈 때의 설레는 기분이 어떤 것인지를,
사랑하는 여자와 나란히 거리를 걸어가다가
아는 사람을 만나는 기분이 어떤 건지를 알게 해준 것만으로도
난 이 여자에게 고마워해야 합니다.
하지만 열심히 일을 하고 있어도
예전처럼 집중은 잘 되지 않습니다.

친구들과 어울리면서도 여자를 생각합니다.
한번은 음식점에서 여자의 친구를 만났는데,
손이 떨려 밥을 제대로 먹을 수가 없었습니다.
하지만 내색하지 않고 즐겁게 식사를 마치고 일어섰습니다.
앞으로도 이렇게,
나를 떠나간 여자를 씩씩하게 잊을 겁니다.

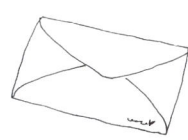

워싱턴 어빙이 말했습니다.
"남자에게 있어 실연은 쓰라린 고통이고,
마음에 손상을 입히며 행복에 대한
기대를 분쇄해버린다.
그러나 그는 활동적이다.
남자에게 있어 실연은 생활에 변화가 없고,
세상사에서 동떨어져 있으며 사색적이다.
사랑해서 행복하지 못한 여자의 마음은 점령당하고
약탈당하고 버려진 황폐한 성채와 같다."

왼쪽으로 가는
여자
오른 쪽으로 가는
남자 II

초판 1쇄 2008년 12월 30일
9쇄 2013년 2월 25일

지은이 윤석미
펴낸이 계명훈
기획·진행 f·book
마케팅 함송이
경영지원 이나영

일러스트 강미선
사진 박혜숙
디자인 Design group All(02-776-9862)
출력·인쇄 애드샵

펴낸곳 for book
주소 서울시 마포구 공덕동 105-219 정화빌딩 3층
판매 문의 02-753-2700(에디터)
등록 2005년 8월 5일 제 2-4209호

값 12,000원
ISBN 978-89-93418-05-7   03810

※ 본 저작물은 for book이 저작권자와의 계약에 따라 발행한 것이므로
   본사의 허락 없이는 어떠한 형태나 수단으로도 이용하지 못합니다.

※ 잘못된 책은 바꿔드립니다.